Roland Kopp-Wichmann

Frauen wollen erwachsene Männer

Das Buch

Reagiert er fast immer beleidigt, wenn man ihn kritisiert?
Haben Sie als Partnerin oft das Gefühl, mit einem verwöhnten Prinzen statt mit einem Mann zusammen zu sein?
Hält er auffällig oft Kontakt zu seiner Mutter?
Hat die Mutter einen Schlüssel zur Wohnung des Paares?
Die mangelnde Ablösung des Mannes von seinen Eltern zeigt sich oft in Kleinigkeiten. Hat der dem Lebensalter nach erwachsene Mann diese Ablösung nicht vollzogen, kann das die Paarbeziehung empfindlich stören.
Roland Kopp-Wichmann erläutert den psychologischen Hintergrund dieser Ablösungsproblematik und lädt Mann und Frau ein, mutig Neues auszuprobieren: damit er endlich erwachsen fühlen und lieben kann.

Der Autor

Roland Kopp-Wichmann ist Diplompsychologe und seit über 25 Jahren in eigener Praxis für Einzel- und Paartherapie in Heidelberg tätig. Zudem arbeitet er als Führungskräftetrainer und Coach und leitet Persönlichkeitsseminare.
http://www.kopp-wichmann.de

Roland Kopp-Wichmann

Frauen wollen erwachsene Männer

Warum Männer sich ablösen müssen,
um lieben zu können

FREIBURG · BASEL · WIEN

HERDER spektrum Band 6382

*»Mama, stimmt es, dass in einigen Teilen Afrikas
die Frauen ihre Männer nicht kennen?«
»Das ist in jedem Land so, Kleines.«*
Anonym

Titel der Originalausgabe: Frauen wollen erwachsene Eltern
© Verlag Kreuz GmbH Stuttgart, 2009
ISBN 978-3-7831-3235-9

© Verlag Herder GmbH, Freiburg im Breisgau 2011
Alle Rechte vorbehalten
www.herder.de

Umschlagkonzeption: Agentur RME Roland Eschlbeck
Umschlaggestaltung: Verlag Herder
Umschlagfoto: © Mauritius Images
Foto Roland Kopp-Wichmann: © privat

Satz: de·te·pe, Aalen
Herstellung: fgb · freiburger graphische betriebe
www.fgb.de

Gedruckt auf umweltfreundlichem, chlorfrei gebleichtem Papier
Printed in Germany

ISBN 978-3-451-06382-4

Inhalt

Einleitung: Warum viele Männer in Beziehungen
über die Nabelschnur stolpern   7

Wann ist ein Mann erwachsen?   13
Woran man nicht erwachsene Männer erkennt   14
Wie verhalten sich nicht erwachsene Männer im Beruf
und im Privatleben?   16
Vier Typen nicht erwachsener Männer   20
Gibt es überhaupt erwachsene Männer?   26

Warum wollen manche Männer
nicht erwachsen werden?   33
Warum die Ablösung von den Eltern so wichtig ist   34
Möglichkeiten der Ablösung   38
Wie der Ablösungsprozess gestört werden kann   39
Nur wer getrennt ist, kann sich vereinigen   43
Wie die Ablösung vermieden werden kann   47
Das Ödipus-Thema als männliche Entwicklungsaufgabe   55
Typische Familienkonstellationen   66

Warum wollen die meisten Frauen
erwachsene Männer?   71
Um sich als Frau in einer Beziehung zu fühlen,
braucht es einen Mann   73
Warum manche Frauen einen »unmännlichen« Mann wählen 76

Wege zur Ablösung – für Männer   79
Ein Test für Männer: »Wie erwachsen bin ich?«   83
Was heute Erwachsensein als Mann bedeutet   91
»Und wie soll ich das jetzt ändern?«   111
Experimente zur Ablösung – für Männer   130

Experimente zur Identität – für Männer 145
Wege zur Ablösung – für Frauen 165

Ein Kapitel für beide 177
Eine Krise ist keine Katastrophe 178
Betrachten Sie Ihre Beziehung als Lernfeld 179
Lernen Sie, konstruktiver zu streiten 182
Jedes Paar braucht Qualitätszeit 186

Und jetzt? 195

Anmerkungen 197
Kommentiertes Literaturverzeichnis 197
Links auf interessante Websites 200

Einleitung: Warum viele Männer in Beziehungen über die Nabelschnur stolpern

Wir alle kommen mit einer Nabelschnur auf die Welt. Sie ist aus menschlichem Gewebe, rosa und etwa einen halben Meter lang. Direkt nach unserer Geburt wird sie je nach weltanschaulicher Orientierung der Eltern vom Vater oder dem Arzt durchtrennt. Dies geschieht, weil der Säugling nun die mütterliche Versorgung nicht mehr braucht. Dieser chirurgische Schnitt ist auch ein wichtiges Ritual. Mutter und Kind sind jetzt getrennt. Hierbei geht es um die reale, die sichtbare Nabelschnur.

Aber für jeden von uns gibt es noch eine zweite Nabelschnur. Denn natürlich ist das Kind auch nach dem Durchtrennen der Nabelschnur von der Mutter oder einer anderen Bezugsperson vollständig abhängig. Diese Abhängigkeit, die bei keinem anderen Lebewesen so lange dauert wie beim Menschen – immerhin etwa 20 Jahre –, prägt unsere Beziehungserfahrungen. Der Mensch lernt von klein auf, dass er ein soziales Wesen ist.

Doch neben dieser lebensnotwendigen Abhängigkeit haben Kinder ein starkes Bedürfnis: Sie haben den Wunsch nach Autonomie, nach Wachstum, nach dem Erkunden der Welt. Sowie ein Kleinkind krabbeln kann, bleibt es nicht auf der Stelle sitzen. Es erkundet – oft in erstaunlicher Geschwindigkeit – die Welt.

Die Balance zwischen diesen beiden Bedürfnissen, zwischen Abhängigkeit und Autonomie, zieht sich durch das Leben. Die anfängliche Symbiose zwischen Mutter und Kind wird durch weitere Trennungsschritte gelockert. Das Abstillen, das Schlafen im eigenen Kinderbett, der erste allein verbrachte Vormittag im Kindergarten sind weitere Stadien der Loslösung des Kindes von der Mutter. Und meist ist so ein Übergang von einer Phase zur nächsten von Ängsten begleitet, auf Seiten des Kindes wie der

Mutter. Und jedes Mal bringt es neben der Freude über ein Stück eigene Freiheit auch etwas Schmerz mit sich. Die Dreijährige bleibt nur im Kindergarten, wenn Mama die ganze Zeit daneben sitzt. Die Mutter steht fünfmal in der Nacht auf, um nachzusehen, ob das Kind, das nun in seinem eigenen Bett schläft, noch atmet.

Das Lösen der ersten, der sichtbaren Nabelschnur ist für die Eltern einsichtig, für Mutter und Kind völlig schmerzlos – und in wenigen Minuten geschehen. Das Lösen der zweiten, der unsichtbaren Nabelschnur ist für die Beteiligten nicht immer so einsichtig. Es tut auch allen Beteiligten meist weh – und es dauert oft viele Jahre. Manche scheinen es im ganzen Leben nicht zu schaffen.

In einem Kaufhaus fällt mir ein großer, gut gekleideter Mann mittleren Alters in der Herrenabteilung auf. Es könnte vom Habitus ein Manager sein. Er stöbert in der Auslage, wo die Oberhemden liegen, und wählt nach einer Weile zwei aus. Zeitgleich kommt von hinten eine ältere Frau auf ihn zu und sagt in einem etwas scharfen Ton: »Leg die wieder hin. Ich hab schon zwei für dich ausgesucht!«

Der Mann legt die Hemden wieder hin und folgt wortlos seiner Mutter zur Kasse.

Seit Jahren telefoniert ein Mann jeden Sonntag um 17.30 Uhr mit seiner Mutter. Als einmal im Urlaub im Hotel das Telefon nicht geht, fährt er eilig in den Nachbarort. Als auch dort kein Telefon verfügbar ist, beginnt eine Odyssee, von der er abends gegen 23 Uhr völlig erschöpft und verzweifelt ins Hotelzimmer zu seiner Frau zurückkehrt.

Söhnen scheint diese Ablösung von ihrer Mutter schwerer zu fallen als Töchtern. Das zeigt sich in zwei Lebensbereichen. Zum einen in der mangelnden Ablösung von der realen Mutter wie in obigen Beispielen, zum anderen in der Ehe oder Partnerschaft:

Ein Mann beginnt während der sechs Monate nach der Geburt des gemeinsam gewünschten Kindes heimlich eine leidenschaftliche Affäre. Die Ehefrau kommt ihm mit ihren Wünschen nach Unterstützung und Versorgung zunehmend kontrollierend vor. Bei der Geliebten fühlt er sich ganz frei. Nach einem Jahr wird die Geliebte schwanger und der Mann beendet unmittelbar nach der Nachricht die Beziehung, »um sich wieder ganz auf die Familie zu konzentrieren«.

Hat ein Mann die Balance zwischen Abhängigkeit und Autonomie für sich noch nicht gefunden, kann sich ein ansonsten selbstbewusster, tatkräftiger Mann in bestimmten Situationen in ein anderes Wesen verwandeln, zum Beispiel

☐ in einen beleidigten Jugendlichen, der sich einfachen Forderungen wie »Warum räumst du nie deine Sachen auf?« laut protestierend zu widersetzen sucht,

oder

☐ in einen Mann, der auf eine schlichte Frage »Was hältst du eigentlich vom Heiraten?« die sabotierende Kreativität eines Achtjährigen – »Nicht jetzt, später!« – entwickeln kann.
Was passiert in solchen Momenten in dem Mann?

Aus meiner Sicht stolpert er in diesen Situationen über die zweite Nabelschnur. Natürlich erlebt der Mann das ganz anders und hat für seine Antwort wortreiche Rationalisierungen parat, die jedoch seine Partnerin selten überzeugen oder zufriedenstellen. Fragt sie jetzt nach, zum Beispiel »Warum denn nicht?«, führt das selten zu einem aufschlussreichen Gespräch, sondern der Mann murmelt ein »Weiß ich nich, is halt so«, schaltet den Fernseher ein oder verlässt den Raum, um im Keller den Stromzähler abzulesen.

Doch zurück zu der Frage, was in diesen Momenten eigentlich

im Mann passiert. Ihn selbst zu fragen hilft meist nichts, denn er weiß es nicht. Er weiß es wirklich nicht, also für Psychologie-Erfahrene: Es ist ihm unbewusst.

Nach meiner eigenen Erfahrung – und aus Seminaren und Coachings mit vielen Männern – erleben viele Männer in solchen Situationen das »Nabelschnur-Dilemma«. Danach löst die Frage »Warum räumst du nie deine Sachen auf?« im Mann etwa Folgendes aus: Er hat keine Lust, seine Sachen aufzuräumen, und sieht auch keine Notwendigkeit dazu. Gleichzeitig hat er Angst, diesen seinen Wunsch direkt zu äußern, weil er annimmt, dass dies der Partnerin nicht gefällt.

Und schwupps ist für den Mann ein schier unauflösbares Dilemma entstanden, das sich innerlich so anfühlt: Mache ich, was ich will (nicht aufräumen), tut mir das gut, aber der Frau gefällt es nicht. Tue ich das, was der Frau gefällt (alles gleich aufräumen), gefällt das mir nicht.

Aber das ist doch ganz einfach, werden Sie jetzt sagen, wenn Sie eine Frau sind. Dann müssen wir reden! Jeder sagt seine Wünsche und warum ihm das so wichtig ist oder wie er sich dabei fühlt, und dann suchen wir eine gemeinsame Lösung, die beide zufriedenstellt.

Sie haben ja Recht, so könnte es gehen zwischen Erwachsenen. So machen es Männer ja auch. Im Beruf bei wichtigen Verhandlungen, auf einer gemeinsamen Radtour mit anderen Männern. Eben da, wo sie sich innerlich frei fühlen.

Aber im Privatleben kommt demselben Mann eben häufig die zweite Nabelschnur dazwischen. Sie legt sich wie eine heimtückische Schlange unmerklich um seinen Hals, drückt gemein und gaaanz langsam immer mehr zu, die Durchblutung des Hirns wird zunehmend eingeschränkt, das Denkvermögen lässt nach und gegen Ende kann das Opfer nur noch hilflos stammeln »Ach, lass mich in Ruhe!«

So kann man sich das »Nabelschnur-Dilemma« vorstellen. Denn nur so ist es besser verstehbar, warum manche Männer, die im Berufsleben Millionenetats verwalten oder eine Straßenbahn bedienen können, auf die harmlose Frage ihrer Partnerin »Wollen wir am Samstag nicht Müllers einladen?« nicht mit einem klaren Ja oder Nein antworten, sondern eher zu Reaktionen neigen wie:

- »Können wir das nicht morgen entscheiden?«
- »Wenn du möchtest, Liebling.«
- »Welche Müllers?«

Für Männer, die sich in den hier gezeigten Beispielen wiederfinden, habe ich dieses Buch geschrieben. Und für Partnerinnen, die innerlich denken: »Genau! So isses!« Paare haben vielleicht am meisten davon, wenn sie dieses Buch gemeinsam oder nacheinander lesen.

Roland Kopp-Wichmann

Wann ist ein Mann erwachsen?

In den 68er Jahren vertraten ja einige feministische Denker und Denkerinnen die These, dass es von Natur aus gar nicht zwei Geschlechter gäbe. Es galt die Devise: »Man kommt nicht als Mädchen zur Welt, sondern wird dazu gemacht.« Die Folge waren Unisexkleidung und möglichst geschlechtsneutrale Spielsachen. Folgerichtig bekam auch unser Sohn im Alter von drei Jahren einen Puppenwagen, natürlich aus geöltem Buchenholz, und keine Ritterburg oder gar ein Cowboykostüm zu Fasching, was er sich sehr wünschte.

Doch als er sich eines Tages auf einem Spaziergang auf ein gebogenes Stück Holz, das auf dem Boden lag, stürzte, es stolz auf mich richtete und laut »Peng, peng!« rief, wusste ich, dass die Feminismus-Denker in diesem Punkt nicht Recht hatten.

Also, wann ist ein Mann ein Mann? Oder anders gefragt: Wann ist ein Mann erwachsen? Meine Definition dazu lautet so:

> Ein Mann ist erwachsen, wenn er eine intime, gleichberechtigte Beziehung zu einem anderen erwachsenen Menschen über längere Zeit aufrechterhalten und genießen kann und zudem einen angemessenen Kontakt zu seinen Eltern pflegen kann.

Aus dieser Definition ist abzulesen, dass ich eine berufliche Tätigkeit nicht als Hauptkriterium für Erwachsensein betrachte. Natürlich ist es auch kein Hindernis für Erwachsensein, wenn ein Mann gerne oder erfolgreich einen Beruf ausübt. Doch beobachte ich, dass viele Männer den Beruf oft eher als kompensatorischen Ausgleich zu Schwierigkeiten in der Beziehung benutzen. Kurz gesagt: Erwachsen ist jemand, der lieben kann und sich lieben lassen kann. Wenn er außerdem auch sein Geld verdient, schön. Aber fürs Erwachsensein halte ich das für keine notwendige Bedingung. Den meisten Menschen tut es gut, eine Aufgabe zu haben, also etwas Sinnvolles mit ihrer Zeit anzufangen.

Die obige Definition betrachte ich als Ziel, das heißt, der Weg dorthin kann ein ganzes Leben dauern, mit immer wieder neuen Herausforderungen, die man entdeckt. Denn natürlich ist auch eine »gleichberechtigte Beziehung« zu einem anderen Menschen nicht etwas, das, wenn man es einmal erreicht hat, einem für immer bliebe. Wie lautet der kürzeste Witz unter Golf-Spielern? – »Ich kann's!«

Woran man nicht erwachsene Männer erkennt

Älter wird man von alleine. Erwachsen nicht unbedingt. Dazu bedarf es vor allem der Übernahme von Verantwortung für das eigene Leben. Doch dafür muss man auch etwas hergeben, nämlich den Schutz der Eltern, sei er nun real oder auch nur vorgestellt. Erstaunlich viele Männer haben damit enorme Schwierigkeiten. Dazu ein Beispiel:

Ein Ehepaar kommt zu mir in Beratung wegen Kommunikationsschwierigkeiten. Man streite sich laufend wegen Kleinig-

keiten. Der Mann ist ein erfolgreicher Restaurantbesitzer, seine Frau kümmert sich um die beiden kleinen Kinder. In der Besprechung, wie das Paar seinen Alltag lebt, kommt Folgendes zu Tage: Der Sohn hat nach dem Tod des Vaters das Restaurant von seinen Eltern übernommen. Jeden Mittag isst er gemeinsam mit der Mutter im Restaurant und bespricht dabei Arbeitsaufgaben. Seine Frau isst derweil mit den Kindern in der gemeinsamen Wohnung, die im Nebengebäude liegt.

Auf meine verwunderte Nachfrage, warum er denn nicht mit seiner Familie äße, weiß er keine Antwort. Die Frau antwortet, das habe sie schon mehrmals vorgeschlagen, doch die Schwiegermutter wolle das nicht. Auf meine Frage an den Mann, wie er es denn am liebsten haben wolle, antwortet er: »Am liebsten würde ich natürlich mit meiner Familie essen, aber wer soll dann mit meiner Mutter essen? Sie hat doch sonst niemanden. Soll sie etwa mit dem Personal essen?«

Bemerkenswert an diesem Beispiel sind drei Dinge: Zum einen, dass der Mann in dem seit Jahren gepflegten Essensritual mit seiner Mutter nichts Merkwürdiges sieht. Zum zweiten, dass er sich bei den verschiedenen Vorstößen seiner Frau, doch gemeinsam zu essen, nicht für seine Familie entscheidet. Und zum dritten, dass er, als ich ihn nach seinen Wünschen frage, mit den Gefühlen seiner Mutter argumentiert.

Die Schwierigkeiten von nicht erwachsenen, von nicht abgelösten Männern lassen sich wie folgt zusammenfassen:

☐ *Es fällt nicht abgelösten Männern schwer, eigene Wünsche zu spüren und zu äußern.*
Viel lieber folgen sie den Wünschen anderer und arrangieren sich damit. Oft scheinen sie nicht zu wissen, was sie wirklich wollen, und sind geradezu erleichtert, wenn sie sich den Vorstellungen eines anderen anschließen können. Doch zeigt sich hier auch die Scheu, Verantwortung – in diesem Fall für die Wünsche – zu übernehmen. Denn es könnte ja sein, dass das

Äußern des Wunsches ein enttäuschendes Ergebnis zeigt. Da ist es leichter, sich dem Wunsch des anderen zu fügen. Geht hierbei etwas schief, kann man sich gefahrlos beklagen, denn es war ja nicht der eigene Wunsch.

□ *Nicht abgelöste Männer vermeiden es, »Nein« zu sagen.*
»Nein« zu einem anderen zu sagen bedeutet immer, dass man sich in diesem Moment von diesem abgrenzt. Das ist für nicht erwachsene Menschen sehr unangenehm. Dabei wird ein klares »Nein« zur rechten Zeit meist positiver aufgenommen als längeres Beleidigtsein oder Herumnörgeln. Doch sich klar abzugrenzen macht vielen Menschen Angst, weil sie unbewusst befürchten, dies könne die Beziehung belasten oder der andere könne das übelnehmen.

□ *Ärger oder Unmut äußern nicht abgelöste Männer selten direkt.*
Meist schlucken sie den Ärger über lange Zeit, bis er sich irgendwann explosionsartig Bahn bricht. Oder der Ärger wird durch ständiges Jammern, Beklagen oder Nörgeln sukzessive abgelassen.

Wie verhalten sich nicht erwachsene Männer im Beruf und in der Partnerschaft?

In der Arbeitswelt sind zwei Arten von nicht erwachsenen Männern zu unterscheiden: Die erste Gruppe sind die »netten«. Sie sind beliebt, weil sie oft den »guten Kumpel« geben. Da sie wenig Kontakt zu ihren eigenen Wünschen und kein ausgeprägtes Sozialleben haben, haben sie auch nichts gegen Überstunden.

Entweder sagen sie bei der Frage, ob jemand länger am Abend bleiben könne, gleich zu: »Null problemo. Mach ich gern.« Oder sie jammern ein bisschen: »Immer muss ich.« Aber wer sie kennt, weiß, dass ihr Widerstand nicht groß ist. Deshalb werden sie oft ausgenutzt, merken das aber nicht und erkennen auch nicht, wie sie selbst dazu beitragen.

Oft werden diese Männer im Beruf nicht ernsthaft angenommen oder respektiert. Von Männern werden sie belächelt, aufgezogen oder auch milde verachtet. Auf jeden Fall werden sie von ihnen nicht als Männer wahrgenommen, die man als Rivalen ernst nehmen und bekämpfen müsste. Frauen sehen in diesen nicht erwachsenen Männern eher den großen oder kleinen Bruder, mit dem man gut quatschen kann. Für Flirts, Erotik oder gar mehr kommen sie aber selten infrage.

Die zweite Gruppe der nicht erwachsenen Männer ist im Beruf sehr erfolgreich. Sie sind kompetent, teamfähig, können gut führen. Sie haben oft hohe Ansprüche an sich selbst und an andere, sind ungeduldig, weil sie sich und anderen ein hohes Tempo abverlangen. Sie funktionieren perfekt. Umso erstaunlicher ist es dann für Außenstehende – dem Betreffenden fällt es kaum auf –, dass so ein Mann privat ganz anders ist. Häufige Erkennungszeichen sind:

☐ *Seine Partnerin ärgert sich häufig über ihn.*
Er mag beruflich die kompliziertesten Sachverhalte regeln können, aber seine Socken in die Wäschetrommel zu werfen schafft er nicht. Termine und Vereinbarungen kann er im Büro einhalten, doch zum Kinobesuch kommt er zu spät. Und wenn er dran ist, den Sohn vor der Arbeit zum Kindergarten zu bringen, fällt ihm vermutlich in letzter Minute ein, dass er ausgerechnet heute früher ins Büro muss.

☐ *Er ist punktuell vergesslich.*
Vielleicht vergisst er regelmäßig den Geburtstag seiner Frau oder den gemeinsamen Hochzeitstag. Aber dass er vor drei

Wochen seiner Mutter versprochen hat, ihr beim Aufräumen der Garage zu helfen, vergisst er bestimmt nicht.

□ *Er verweigert Entscheidungen.*
Mit ihm etwas gemeinsam zu planen oder zu entscheiden kann zur Tortur werden. Egal ob es darum geht, in welchen Film sie gehen wollen oder wohin die gemeinsame Urlaubsreise gehen soll. Nicht erwachsene Männer tun sich schwer mit Entscheidungen. Denn sie haben Angst, dabei etwas falsch zu machen. Deshalb schieben sie lieber Entscheidungen hinaus. Oder fragen, was die Partnerin will, um sich dem dann anzuschließen. Leider oft um den Preis, dass man hinterher sein Nörgeln ertragen muss: »Ich war ja gleich dagegen.«

□ *Er versucht, die Frau zu dominieren oder sich zu unterwerfen.*
Das Dominanzverhalten kann sich offen und direkt zeigen, zum Beispiel verbal, indem der Mann die Frau immer wieder unterbricht oder scharfe Verhaltensregeln von sich gibt: »Lass das!« Es kann sich auch daran zeigen, dass der Mann größere Entscheidungen, die beide betreffen, allein und ohne Absprache trifft.

So buchte ein Klient von mir mehrmals eine gemeinsame Urlaubsreise für die ganze Familie und konnte nicht verstehen, warum seine Partnerin nicht dankbar und begeistert war.

□ *Er führt sich zu Hause als Chef auf.*
Gerade beruflich erfolgreiche Männer haben zuweilen die Tendenz, die Normen und Verhaltensweisen, die sich im Büro bewährt haben, auch auf das Familienleben zu übertragen. Das zeigt sich vielleicht im Kommandoton, mit dem man seine Ehefrau anschnauzt: »Warum stehen denn hier noch die Töpfe auf dem Herd?« Oder es zeigt sich bei der Genervtheit und Ungeduld, mit der der Mann seinen Kindern begegnet. Doch

die Ehefrau ist kein Untergebener und Kinder sind keine Angestellten, die man abkanzeln kann. Eine Klientin berichtete, dass sie das explizit ihrem Mann so einmal sagen musste: »Hier zu Hause ist nicht deine Firma. Du bist nicht der Boss und wir sind nicht deine Angestellten!« Der Mann war völlig verdutzt über dieses Feedback – aber er reflektierte daraufhin sein Verhalten.

☐ *Manche Männer setzen auch körperliche Gewalt ein, um sich durchzusetzen.*
Das kann vom schmerzhaften Knuff über die Ohrfeige bis zu Schlägen und Schlimmerem reichen. Doch auch Männer, die sich unterwerfen, versäumen es, sich als gleichberechtigter Partner in der Beziehung zu zeigen. Stattdessen beklagen sie, wie wortreich und argumentationsstark ihre Frau doch sei und dass sie nicht anders könnten, als ihr nachzugeben.

Dieses gegensätzliche Verhalten erscheint auf den ersten Blick unlogisch. Doch haben beide Verhaltensweisen ihre Ursache in der Schwierigkeit, sich in einer Beziehung gleichberechtigt und auf gleicher Augenhöhe zu fühlen.

☐ *Er führt ein heimliches Doppelleben.*
Nach einer gewissen Zeit haben Beziehungen meist etwas Desillusionierendes. Man kennt den anderen in der Unterwäsche und weiß, dass er beim Lesen am liebsten in der Nase bohrt. Beiden ist die rosarote Brille der Verliebtheit von der Nase gerutscht und sie sehen sich gegenseitig kritischer. An sich wäre das nicht schlimm, zeigt es doch, dass die Beziehung in eine neue, reifere Phase tritt. Hinzu können Lebensereignisse kommen wie die Geburt eines Kindes oder der nahende 40. Geburtstag, die Veränderungen mit sich bringen.

Nicht erwachsene Männer erleben bei diesen Veränderungen nun starke Unlustgefühle, die sie abzustellen suchen – oft durch das Suchen starker positiver Gefühle außerhalb der Beziehung: entweder in den Armen einer meist jüngeren, bewundernd aufschauenden Geliebten oder bei diversen Bordellbesuchen oder – die bequemste und risikolose Variante – über Pornoseiten im Internet.

Vier Typen von nicht erwachsenen Männern

Natürlich stehen auch nicht oder unzureichend abgelöste Männer meistens voll im Leben. Erst auf den zweiten Blick erschließt sich einem der innere Konflikt, der den Mann zu einer besonderen Rolle drängt, in der er die fehlende Ablösung kompensieren kann.

Hier beschreibe ich die vier wichtigsten Vermeidungsstrategien:

Der Mann als braver Junge: der Sohnemann

Heinz K. nimmt an einem Zeitmanagement-Seminar bei mir teil, weil er, wie er sagt, seit Jahren zu viele Überstunden mache und sich zunehmend ausgenutzt fühle. Nach seinem Privatleben gefragt, berichtet er, dass er noch zu Hause bei seiner verwitweten Mutter lebe. Das sei praktisch wegen der Wäsche, und außerdem spare er da Geld. Eine Freundin habe er nicht. Seine Hobbys seien Fotografieren und PC-Spiele. Als ich frage, wie er seinen Urlaub verbringe, antwortet er: »Zu Hause. Mutter kann nicht in einem fremden Bett schlafen.« Heinz K. ist 38.

Sohnemänner oder Muttersöhne erkennt man bisweilen schon am Äußeren. Sie tun unbewusst alles, um nicht zu männlich zu wirken. Vielleicht haben sie leichtes oder deutliches Übergewicht und eher weiche Gesichtszüge. Sie grinsen viel oder lachen oft an Stellen, wo gar nichts lustig ist. Auf Kleidung legen sie wenig Wert. Hauptsache, sie ist praktisch und schnürt nicht ein. Ihre Stimme ist weich und freundlich. Allerdings können sie auch gern jammern und nörgeln. Wütend werden sie selten und schreien mögen sie gar nicht.

Der Mann als Supermann: der Held

Ein Prototyp dieses Typus ist der Cowboy, wie er in unzähligen Westernfilmen dargestellt wird. Eine ungemein wichtige Blaupause für alle Jugendlichen und Männer. Das Cowboyleben ist hart. Wochen- oder monatelang nur dummen Rindern nachreiten, und zum Essen gibt es nur Bohnen, Kaffee – und Marlboro.

Da trifft es sich, dass zur Abwechslung dieses eintönigen Daseins der Cowboy erfährt, dass in einem nahegelegenen Städtchen eine Handvoll Banditen die gesamte Bevölkerung tyrannisiert. Eine Aufgabe, an der offensichtlich eine ganze Stadt scheitert, ist die richtige Herausforderung für unseren Helden. Mit Feuereifer stürzt er sich in diese ehrenvolle Aufgabe, die sich einige Zeit hinzieht, währenddessen er sich meist in eine schöne Witwe mit einer großen Farm verliebt.

Nachdem die Banditen getötet oder vertrieben sind, kommt es zu einem gefährlichen Moment im Leben des Helden: Es gibt nichts mehr zu retten! Dafür bietet ihm die Witwe an, ihr Bett und ihre Farm mit ihm zu teilen. Für einen alleinstehenden und mittellosen Mann an sich ein reizvolles Angebot, das einem nicht alle Tage gemacht wird. Unser Held kämpft zwar wie ein Mann und singt am Lagerfeuer sehnsuchtsvolle Liebeslieder. Doch wehe, die Erfüllung der Sehnsucht droht. Da schwingt sich der Cowboy schnell auf sein Pferd und – na, Sie wissen ja, wie alle Cowboyfilme enden ...

Der Held ist ein stolzer und meist gutaussehender Mann. Seine Gestalt ist oft hager durchtrainiert und seine Absichten sind edel.

Er kämpft gegen das Böse in der Welt und dafür, dass die Welt ein bisschen besser wird. Er setzt sich für Waisenkinder in Angola ein oder für sterbende Regenwälder in Nordborneo oder auch für herrenlose Hunde im örtlichen Tierheim oder ...

Im Zwischenmenschlichen rettet der Held natürlich am liebsten eine Frau. Auch gegen ihren Willen. Von selbstbewussten Frauen hält er sich fern. Ihn interessieren die verwunschenen Prinzessinnen oder das hilflose Geschöpf, das in der Nachbarwohnung im Dunkeln sitzt, weil es nicht weiß, wo der Sicherungskasten ist.

Die Heldenrolle bedingt, dass die zu rettende Frau hilflos ist und aus eigener Kraft ihr schlimmes Los nicht wenden kann. Doch ist die Dornenhecke einmal durchbrochen und Dornröschen geheiratet, zeigt sich oft die Schwäche des Helden. Er braucht das Machtgefälle in einer Beziehung (»Ich stark – du schwach!«), da kommen alle seine guten Seiten wie Tapferkeit, Mut und Opferbereitschaft zum Tragen. Gleichberechtigte Beziehungen scheut er.

Der Mann als besonderer Mann: der Prinz

Herbert F., 42 Jahre, kommt zu mir, weil ihn der Hausarzt wegen einer Depression an mich überwiesen hat. Seine Frau habe ihn kürzlich verlassen. In der Beziehung habe es immer wieder Streit gegeben, u.a. um seine Rolle im Haushalt.

Freimütig erzählt er mir, dass er beispielsweise gewohnt war, dass seine Hemden immer frisch gestärkt an derselben Stelle im Schrank hingen. Wie sie dorthin kommen, habe ihn nicht interessiert. Obwohl seine Partnerin ihn wiederholt aufgefordert habe, seine benutzten Hemden nicht überall im Haus liegen zu lassen, sondern in die Wäschetrommel zu legen, habe er das wohl ab und an vergessen. Zuweilen habe er sich auch beklagt, was er noch alles tun solle. Schließlich arbeite er den ganzen Tag.

Auf meine Frage, was seine Frau denn den ganzen Tag mache, erfahre ich, dass sie halbtags arbeitet und die beiden kleinen Kinder versorgt.

Der Prinz sieht sich als ein besonderer Mensch und fordert, dass sich alles um ihn dreht. Er will bewundert, anerkannt und versorgt werden. Bekommt er diese besondere Form der Gunstbezeigung und Verehrung, kann er charmant, unterhaltsam und großzügig sein. Wird ihm dies jedoch versagt, reagiert er beleidigt, tief gekränkt und macht still oder lauthals Vorwürfe.

Prinzen sind manchmal Einzelkinder und daher nicht gewöhnt, mit Geschwistern zu teilen oder sich mit anderen auseinanderzusetzen. Oder sie sind das jüngste Kind, das Nesthäkchen, oder ein Kind, das oft krank war oder sonst zu Sorgen Anlass gab. Jedenfalls wurden Prinzen von der Mutter meist gehätschelt und verwöhnt. Deshalb hat sich in ihnen ein Selbstbild geformt, dass – so wie früher die Mutter – eigentlich die ganze Welt auf sie und ihre Wünsche Rücksicht nehmen müsste. Und vor allem, dass man daran auch noch Gefallen finden müsse.

Bei richtigen Prinzen ist das ja auch so. Macht der Prinz von Wales einen Auslandsbesuch, muss er sich nicht selbst um das Flugticket, das Hotel und den Transfer vom Flughafen in die Stadt kümmern. Dafür gibt es einen Stab von Bediensteten.

Männer in der Prinzenrolle erwarten all dies von ihrer Partnerin, so wie er es früher von seiner Mutter gewohnt war. Die Partnerin reagiert jedoch auf derlei Ansinnen selten mit dankbarer Verzückung: »Der Prinz kommt. Der Prinz kommt!« Stattdessen äußert sie eher Ärger und stellt Forderungen auf, was der Prinz kaum nachvollziehen kann. Er denkt insgeheim: »Warum kann sie meine Anwesenheit nicht einfach nur genießen?« Gekränkt zieht er sich in sein Gemach zurück, heute meist vor den Fernseher oder den PC, oder er sinniert über die negativen Folgen des Feminismus, der den Frauen sosehr den Kopf verdreht habe.

Der Mann als Verführer: der Casanova

Hier lässt sich der ungelöste Ödipus-Konflikt gut beschreiben. Dem Casanova gelingt es aufgrund seines gefälligen Aussehens und seines Charmes mühelos, eine Frau schnell für sich einzunehmen und zu gewinnen. Doch einmal erobert, verliert die Frau auf wundersame Weise schnell an Reiz für ihn und er wandert zur nächsten, in der Annahme, das Problem liege bei der Frau.

In Wahrheit nimmt er seinen Ödipus-Komplex zur nächsten Frau natürlich mit. Psychoanalytisch betrachtet verliert die begehrte Frau deswegen so schnell für ihn an Reiz, weil er in ihr unbewusst die verbotene Mutter wahrnimmt, die er jedoch nicht begehren darf. Doch derlei »psychologischen Unsinn« weisen die George Clooneys und Hugh Grants dieser Welt weit von sich. Ihrer Überzeugung nach liegt es schlicht und einfach daran, dass sie die Richtige noch nicht gefunden haben.

Solche »Mutter-Übertragungen« auf die Partnerin stecken oft hinter Impotenz-Symptomen. Sind diese nicht organisch bedingt, was sie selten sind, »erreicht« der Mann durch die fehlende – oder besser ausgedrückt: die verweigerte – Erektion meist, dass es zum verbotenen Sex gar nicht kommt. Das Verbot ist natürlich ein unbewusstes, nämlich mit der Mutter zu schlafen. Das Ganze ist von starken Schuldgefühlen begleitet, was sich bei einem Paar oft dahingehend entlädt, dass die Frau irgendwann wütend auf ihren Mann wird. Dies kann er wiederum als doppelte Bestrafung verstehen: einmal durch den entgangenen Sex und zusätzlich durch die negativen Gefühle der Partnerin.

Die hier beschriebenen Typen habe ich holzschnittartig überzeichnet, um das prägende Verhalten zu verdeutlichen. Doch zuweilen trifft man auf einen solchen »Typen« auch in Reinkultur. Gerade bei Filmschauspielern, die eine Rolle besonders gelungen interpretieren, rührt diese Authentizität nicht allein aus deren Schauspielkunst, sondern auch daher, dass sie im Leben diese Rolle verkörpern. Man denke an Marlon Brando. Häufiger sind jedoch Abstufungen und zuweilen auch Mischtypen.

Es gibt auch noch weitere Rollen, die ein nicht abgelöster Mann annehmen kann:

- Der Typ des »Frauenverstehers« beispielsweise hat sich völlig mit der Frauenrolle identifiziert. Männer erscheinen ihm roh und ungebildet. Die besseren Menschen sind für ihn die Frauen. Oft ist er im sozialen Bereich anzutreffen, beispielsweise als kompetenter Leiter eines Teams, in dem auf wundersame Weise nur Frauen sind.
- Auch beim sich so männlich gebärdenden »Macho« steckt meist eine ungelöste Mutter-Bindung dahinter. In verschiedenen Filmen über Mafia-Bosse, zum Beispiel »Der Pate«, zeigt sich diese Dynamik deutlich. Hier herrscht der Mann patriarchalisch über die Ehefrau und behandelt auch andere Frauen meist rüde und verächtlich. Die einzige Frau, von der er sich etwas sagen lässt und die er verehrt, ist »la mamma«.

Bei allem spielt auch die alte Spaltung des gesellschaftlichen Frauenbilds eine große Rolle. Hier die Mutter, die nur gütig und rein ist, was vor allem geschlechtslos meint. Das Bild der Mutter Maria, deren Empfängnis unbefleckt ist, wie es in zahlreichen Madonnenbildern verehrt wird. Und dann die andere Seite der Frau, die geschlechtliche, die gefährliche. Hier wird die Frau als sündige Eva, als mörderische Hexe, wie im Film »Basic Instinct« dargestellt, die den Mann beherrschen, ausnutzen, verzaubern und am Ende vernichten will.

In dem Film »Reine Nervensache« wird die hier beschriebene Dynamik äußerst präzise und sehr komisch dargestellt. Ein Mafia-Boss landet wegen Impotenz bei einem Psychiater. Gefragt, was seine Geliebte, bei der er keine Potenzprobleme hat, denn im Bett anders mache als seine Frau, deutet er Oralverkehr an. Auf die Nachfrage, warum das nicht mit seiner Frau ginge, gibt er die Antwort: *»Mit diesem Mund gibt sie unseren Kindern den Gutenachtkuss!«*

Um sich aus der Sphäre der Mutter zu lösen, braucht der Junge die Unterstützung des Vaters. Ist der Vater wegen Trennung nicht anwesend oder steht emotional nicht zur Verfügung, bleibt der Sohn oft innerlich an die zu starke Mutter gebunden. Mehr darüber erfahren Sie in den folgenden Kapiteln.

Gibt es überhaupt erwachsene Männer?

Wenn man etwas beschreiben und vor allem verändern will bei Menschen, gibt es immer verschiedene Möglichkeiten, das Beobachtete zu beschreiben. Doch wie man etwas beschreibt, sagt gleichzeitig etwas aus über die Perspektive des Betrachters. Und vor allem impliziert es Wertungen und Maßnahmen, was jetzt am besten zu tun sei.

So ist es auch beim Thema dieses Buches, dem Nichterwachsensein mancher Männer. Je nach Sichtweise, nach Art der Beschreibung, könnten Sie zu gänzlich unterschiedlichen Überlegungen kommen – bis hin zu der Darstellung, dass es gar keine erwachsenen Männer gibt oder keine nicht erwachsenen. Da Sie, liebe Leserin oder lieber Leser, sich darauf eingelassen haben, hier mehr zum Thema Nichterwachsensein mancher Männer zu erfahren, vielleicht sogar bereit sind, Hinweisen zu folgen, was Sie jetzt ändern können, möchte ich Ihnen hier sagen, aus welcher Perspektive ich die Dinge beschreibe. Erst werde ich Ihnen die gängigsten Arten vorstellen und dann sagen, welche Interpretation ich bevorzuge. Vielleicht sind Sie gerade über das Wort »Interpretation« gestolpert. Aber es ist zum einen schwierig, wenn nicht unmöglich, die Wirklichkeit zu beschreiben. Und genauso vergeblich ist es, zu bestimmen, welche Art und Weise des Seins nun »richtig« ist oder »falsch«.

Nun, welche Beschreibungsformen gibt es:

- *Die normative Beschreibungsform* wähnt sich im Besitz der »Wahrheit«, wie also etwas naturgegeben oder richtig ist. Alle Abweichungen davon sind demnach zu verurteilen und je nach Gesellschaftsform zu bestrafen oder auszumerzen.

Normative Beschreibungsformen sind immer stark moralisierend. Die Einteilung in »gut« und »schlecht« geht damit einher. Die Anhänger dieser Beschreibungsform fühlen sich gut, wenn sie im Einklang mit den Gesetzen sind, und haben Schuldgefühle, sich doch – obwohl verboten – mit etwas Falschem eingelassen zu haben.

Normative Regeln sind praktisch und notwendig, um das Zusammenleben von Menschen zu regeln. Doch natürlich sind die Regeln völlig beliebig. In westlichen Kulturen gilt zum Beispiel Monogamie als normative Regel; es könnte ebenso gut Polygamie sein, aber Monogamie ist hier eben die normative Regel. Betrachtet man verhaltensauffällige Jugendliche mit der normativen Brille, dann sind sie schlecht erzogen, kennen keine Disziplin oder keinen Respekt, und dieser muss ihnen beigebracht werden bzw. bei fehlender Einsicht das Verhalten auch mit Strafen geahndet werden.

- *Die pathologisierende Beschreibungsform* geht oft mit der normativen Form einher. Der Unterschied liegt darin, dass eine Abweichung im normativen System bestraft wird, wohingegen sie im pathologisierenden System behandelt wird. Denn der Abweichler – von der Norm – ist nicht böse, sondern krank. Das pathologisierende System kann ebenso brutal sein wie das normative.

Wenn empfohlen wird, verhaltensauffällige Jugendliche in »Umerziehungslager« zu stecken, so klingt das erst mal sozialer, weil impliziert ist, dass man verstanden hat, dass sie Hilfe brauchen und nicht Strafe. Gleichwohl weckt der Begriff ungute Assoziationen.

- *Die verharmlosende Beschreibungsform* plädiert dafür, dass alles Normative relativ und im Grunde jedes Verhalten in

Ordnung sei, weil es eben eine Spielart des Lebens sei. Die sogenannten 68er sind durch diese Sichtweise stark geprägt worden, was aber im Nachhinein vor allem als Reaktion auf die normative Kultur der Nachkriegszeit zu verstehen ist.

Verhaltensauffällige Jugendliche würden vielleicht als Menschen gesehen, die noch voll im Kontakt mit ihrer Lebendigkeit und Spontaneität sind, und wer sich daran störe, sei eben ein verklemmter Spießer, der im Grunde nur neidisch sei auf dieses ungebremste Verhalten der Jugendlichen. Doch ändert sich diese verharmlosende Beschreibungsform bei jedem Befürworter schnell, der gerade dazukommt, wenn so ein spontaner Jugendlicher genüsslich das Verdeck des eigenen Porsche aufschlitzt.

☐ *Die lerntheoretische Beschreibungsform* geht davon aus, dass sämtliches Verhalten, das Menschen zeigen, gelernt ist. Wenn also jemand etwas macht, was gegen gängige Normen verstößt, dann sehen Anhänger dieser Theorie die Ursache darin, dass jemand ein falsches Verhalten gelernt hat – meist durch falsche Vorbilder. Die gute Nachricht der Lerntheoretiker besteht darin, dass sie äußerst optimistisch immer daran glauben, dass man schlechtes Verhalten »verlernen« und gutes Verhalten in jedem Lebensalter noch lernen könne.

Verhaltensauffälligen Jugendlichen würden demnach also positive Vorbilder gezeigt, in der Hoffnung, dass sie sich durch entsprechende Motivationshilfen das erwünschte Verhalten aneignen können.

☐ *Die spirituelle Beschreibungsform* verwendet meist die Metapher der »Lebensschule«. Demnach hält das Leben für jeden bestimmte Lernaufgaben bereit, die er zu bewältigen hat. Vermeidet er diese Lernsituationen oder löst er sie nicht befriedigend, so kehren diese immer wieder. Wenn nicht in diesem Leben, dann im nächsten, was auch eine gewisse Unerbittlichkeit enthält. Hat jemand alle seine Aufgaben in den verschiedenen Leben gelöst, wird er »erleuchtet« und erreicht damit einen unbeschreiblich beglückenden Zustand, verbunden mit dem Umstand, dass er in der Regel auch nicht als Mensch wiedergeboren wird, da es für ihn auf dieser Erde nichts mehr zu tun gibt.

Nach dieser Sichtweise müsste ein verhaltensauffälliger Jugendlicher, der laufend stiehlt, erkennen, dass sein Eigentumsbegriff aus einem viel früheren Leben stammt und er lernen muss, dass er eben jetzt in dieser Gesellschaft mit starken Besitzvorstellungen lebt.

☐ *Die konstruktivistische Beschreibungsform* weist darauf hin, dass wir die Wirklichkeit gar nicht erkennen können, weil diese viel zu komplex und zu uneindeutig sei und sich zudem, wie die Quantenphysik zeigt, unter anderem durch den Beobachter verändere, also nicht statisch oder gar objektiv sei.

Was wir als Wirklichkeit beschreiben oder beobachten, ist demnach unsere eigene Wirklichkeitskonstruktion. Jeder schafft sich also seine eigene Weltsicht.

Ob ein Verhalten des Jugendlichen auffällig ist, hängt demnach also stark von den Maßstäben des Betrachters und dem jeweiligen Kontext ab, die jedoch völlig subjektiv sind. Legt man andere Maßstäbe an und andere Kontexte zugrunde, macht das auffällige Verhalten vielleicht sogar einen begreifbaren Sinn.

☐ *Die psychoanalytische Beschreibungsform* geht davon aus, dass Menschen in ihrer Kindheit und Jugend bestimmte Phasen durchlaufen, die von Konflikten geprägt ist. Werden diese Konflikte angemessen gelöst, so entwickelt der Mensch ein entsprechendes Handlungsrepertoire. Bleibt er jedoch in einem Konflikt stecken, so ist die Wahrscheinlichkeit groß, dass er – wie durch einen Wiederholungszwang – immer wieder in Situationen gerät oder diese unbewusst aufsucht, in denen ihm sein Konflikt begegnet. Ähnlich wie in der spirituellen Sichtweise kommt die Erlösung also erst mit der Lösung des Konflikts. Der verhaltensauffällige Jugendliche müsste demnach darin unterstützt werden, den dahinterstehenden Konflikt zu lösen.

☐ *Die systemische Beschreibungsform* geht davon aus, dass Menschen weder gut noch schlecht sind, aber ihr Handeln vor allem durch das wechselseitige Verhalten bestimmt wird. Es mag den Menschen in der Umgebung krank, böse oder unsinnig vorkommen, der systemische Betrachter entdeckt aber meist einen Nutzen innerhalb des Kontextes für das ganze System. Dieser Nutzen mag dem Betreffenden einsichtig und bewusst sein, er kann aber auch – gerade bei schädlichem Verhalten – unbewusst verborgen sein.

Danach will zum Beispiel ein verhaltensauffälliger Jugendlicher durch seine Diebstähle auf seine Einsamkeit aufmerksam machen und erreichen, dass die dauernd streitenden Eltern wieder mehr miteinander reden und sich ihm zuwenden.

Diese Aufzählung der verschiedenen Sichtweisen, mit denen man ein Symptom – hier auffällige Jugendliche – betrachten kann, hat etwas Entlastendes und etwas Verstörendes. Entlastend, weil deutlich wird, dass wohl niemand »die Wahrheit« kennt und jedes Beschreibungsmodell gute und nachvollziehbare Argumente für seine Position anführen kann. Verstörend deshalb, weil man am Ende nicht weiß, woran man sich halten soll: Wie ist es denn nun wirklich?

Deshalb gibt es für andere Bereiche unseres Lebens auch Politiker oder Experten, die für uns die Komplexität der Wirklichkeit wirkungsvoll eindampfen, indem sie für ein Problem nur eine einzige Ursache erkennen und dafür auch meist nur ein einziges Rezept zur Behebung des Problems kennen. Wir Normalsterblichen brauchen – und wählen – solche Komplexitätsreduzierer, weil sie unser Bedürfnis nach Klarheit und Eindeutigkeit bedienen.

Andererseits braucht es schon tischplattengroße Scheuklappen, um sich engstirnig auf eine einzige Sichtweise zu fokussieren und alle anderen Möglichkeiten als »falsch« auszublenden.

Es ist der Realität angemessener und man tut sich zunächst leichter, wenn man sich die verschiedenen Sichtweisen desselben Sachverhalts erst einmal anhören und sie würdigen kann. Doch hernach muss man Farbe bekennen und sich zu einer Sichtweise oder mehreren Standpunkten bekennen.

Ein Ehepaar kam zum Rabbi und wollte seinen Rat in einer strittigen Angelegenheit. Als die Frau ihren Standpunkt dargelegt hatte, sagte der Rabbi zu ihr: »Frau, ich verstehe, du hast Recht.« Danach brachte der Ehemann seine gegensätzlichen Argumente ein. Der Rabbi überlegte kurz und beschied: »Mann, du hast Recht!«

Ein Schüler des Rabbi, der das Ganze beobachtet hatte, meldete sich zu Wort und sagte: »Ehrwürdiger Rabbi, beide Ehegatten haben völlig entgegengesetzte Meinungen – und Ihr habt dennoch beiden Recht gegeben. Der Rabbi besann sich und antwortete dem Schüler: »Ihr habt auch Recht.«

Anders als der Rabbi kann ich sagen, dass ich persönlich ein überzeugter Verfechter der drei letztgenannten Modelle bin – also der konstruktivistischen, der psychoanalytischen und der systemischen Sichtweise. Obwohl ich durch Studium, Ausbildungen, Lektüre und praktische Erfahrung auch die anderen Modelle kenne, überzeugen mich die Argumente dieser drei Betrachtungs- und Beschreibungsformen am meisten. – Und damit wissen Sie, liebe Leserin und lieber Leser, woran Sie mit mir sind.

Warum wollen manche Männer nicht erwachsen werden?

Aufgrund des Drangs zur Autonomie, der in jedem Menschen angelegt ist, sorgt der natürliche Verlauf dafür, dass aus dem Jugendlichen mit den Jahren ein Erwachsener wird. So wie auch aus einem Schössling bei guten Bedingungen von ganz allein ein Baum wird. Man muss nichts extra dafür tun, außer eben für gute Wachstumsbedingungen sorgen. Will man aber, dass aus einem Schössling kein großer starker Baum wird, sondern ein Bonsai-Bäumchen, muss man etwas gegen dieses natürliche Wachstum tun, zum Beispiel immer wieder die neuen Triebe stutzen oder die Wurzeln beschneiden.

In der Natur kann man auch beobachten, dass räumliche Distanz dabei hilft, selber groß zu werden. Ein junger Wolf oder Löwe entfernt sich viele Kilometer, um sich einem neuen Rudel anzuschließen. Bäume, die nah beieinander stehen, haben weniger Licht und Nahrung und wachsen deshalb schlechter als Bäume, deren Ursprungssamen weit weg auf eine freie Stelle getragen wurde.

Auch für Jugendliche ist es wichtig, in ihr eigenes Leben zu treten. Damit aus dem Jugendlichen ein Mann – und kein Bonsai-Mann – wird, ist es jedoch notwendig, dass er sich von seinen Eltern ablöst.

Warum die Ablösung von den Eltern so wichtig ist

Das menschliche Leben kann man sich als einen Ablauf von verschiedenen Phasen vorstellen. Sinn und Zweck der Elternschaft ist es, den Nachwuchs großzuziehen und ihn auf das eigene Leben vorzubereiten. Im Tierreich kann man das exemplarisch beobachten. Egal ob Pinguin, Seeadler oder Hauskatze, die Eltern bringen den Kleinen bei, wie man in der Welt überlebt und wie man für seinen Lebensunterhalt sorgen kann.

Ganz darwinistisch könnte man argumentieren, die Eltern arbeiten daran, sich eines Tages überflüssig zu machen. Dieselbe Aufgabe hat ja auch ein Lehrer, ein Therapeut, ein Berater. Das heißt, Ziel der Elternphase ist es, das Kind zu befähigen, ins Leben hinauszutreten. In sein eigenes Leben, nicht in ein gemeinsames Leben mit den Eltern.

Dazu bedarf es der Trennung, der Ablösung voneinander. Die Ablösung ist für verschiedene Fähigkeiten des Jugendlichen wichtig:

☐ Es gehört das Erreichen emotionaler Unabhängigkeit dazu, zum Beispiel, dass man allein mit sich sein kann und das nicht nur schrecklich findet.
☐ Es gehört dazu das Herausbilden einer geistig-moralischen Unabhängigkeit, zum Beispiel das Finden und Vertreten eigener Standpunkte.
☐ Und als drittes bedarf es einer Unabhängigkeit im Verhalten, zum Beispiel das Treffen von Entscheidungen und die Verrichtungen des Alltags.

In der Pubertät beginnt der Heranwachsende, sich von seiner Herkunftsfamilie zu lösen. Rollen- und Wertvorstellungen der Eltern werden infrage gestellt. Normen und Verhaltensweisen der gleichaltrigen Jugendlichen werden zunehmend wichtiger. Der Heranwachsende kritisiert die Lebensart der Erwachsenen – »alles Spießer!« –, aber auch die Eltern betrachten neue Gewohnheiten ihres Sprösslings mit Argwohn: »Du kannst doch im Restaurant deine Mütze nicht aufbehalten!«

Ablösung ist jedoch kein Thema, das in der Pubertät beginnt oder auf sie beschränkt ist. Das Grundmuster des Ablösungskonflikts ist die Öffnung auf ein drittes Element – außer den beiden Eltern, wie es im Kirke-Mythos der griechischen Antike beschrieben ist:

Odysseus und seine Gefährten stranden auf der Insel der Zauberin Kirke. Dies ist eine Mutterfigur, die den Männern zu essen, zu trinken und einen Platz zum Schlafen bereitstellt. Dann verzaubert sie Odysseus' Weggefährten in Schweine und macht ihn zu ihrem Liebhaber, weil sie ihn auf ihrer Insel gefangen halten will. Nur durch eine List erreicht er es, dass sie ihn gehen lässt.

In ähnlicher Weise kann für einen Jungen (natürlich auch für ein Mädchen) die Mutter in seinem emotionalen Erleben und in seiner Fantasie eine so beherrschende Figur werden, dass er – ähnlich wie Odysseus – in der mütterlichen Welt gefangen bleibt. Für Männer kann es eine solche zu starke Mutterbindung schwierig machen, andere Liebesbeziehungen zu einer Frau einzugehen.

Solche Männer können in der Außenwelt durchaus männlich wirken, jedoch immer wieder Schwierigkeiten beim Aufrechterhalten intensiver, längerer Beziehungen erleben. Denn ein Mann zu sein lernt man nicht von einer Frau, sondern nur von einem Mann. Idealerweise vom eigenen Vater – wenn dieser sich männlich verhält. Mehr dazu erfahren Sie in den folgenden Kapiteln.

Der Schrecken des Getrenntseins

Zum Erwachsenwerden gehört das Erleben der Gewissheit, dass man getrennt ist. Getrennt vom Universum, von der Natur, getrennt von anderen Menschen, manchmal auch getrennt von sich selbst oder Teilen von sich. Dieses Erleben ist nicht leicht zu ertragen. Sich zu vergegenwärtigen, dass nur dieser eine Moment real ist, ist nicht leicht. Nur dieser Moment, der sich in der nächsten Sekunde verändern kann und verändert. All dies an sich heranzulassen kann – je nach Stimmungslage – als eine bestürzende Erkenntnis empfunden werden. Er offenbart die Zerbrechlichkeit unseres Seins.

Da uns gemeinhin dieses Erleben eine Menge Angst macht, gibt es seit Menschengedenken Systeme und Lehren, die uns nahelegen, dass dem nicht so sei. Solche Systeme haben Menschen erfunden, um der Unsicherheit des Lebens etwas Verlässliches entgegenzusetzen.

Religiöse Systeme wollen uns die Angst vor dem Tod nehmen, indem sie ein ewiges Leben versprechen. Wissenschaftliche Systeme wollen uns die Angst vor Kontrollverlust nehmen. Sie suggerieren, dass letztlich alles erforschbar, berechenbar und kontrollierbar sei. Wirtschaftliche Systeme machen uns vor, dass es für alle Lebenslagen ein Produkt oder eine Dienstleistung gibt, die das Leben angenehmer, sicherer und sinnvoller macht. Dazu gehören Lebensversicherungen, neue Jeans mit Löchern und das Dritthandy.

Da wir von klein auf von allen diesen drei Systemarten umgeben sind, bleibt uns das Erleben der Zerbrechlichkeit und Endlichkeit des Lebens zumeist erspart. Erst in Krisen, bei schweren Krankheiten oder Notfällen, werden wir mit unserer Abhängigkeit und Getrenntheit schlagartig konfrontiert.

Ein Klient lädt seinen 80-jährigen Vater zu einem Segeltörn auf dem Steinhuder Meer ein. Abends auf dem Wasser zieht ein Unwetter auf, die Segel werden zu spät eingeholt, das Boot ken-

tert. Zum Glück ist das Meer an dieser Stelle nicht so tief, so dass sie stehen können. Das Wasser reicht ihnen bis zum Hals, hohe Wellen schlagen immer wieder über ihren Köpfen zusammen. Nach anderthalb Stunden werden sie gerettet.

Ich bin überzeugt, dass das versuchte Vermeiden von Getrenntheit eine der Ursachen mangelnden Erwachsenseins bei Männern ist. Denn wenn man erlebt, dass man getrennt ist, also allein ist in der Welt, kann dies eine bedrohliche Erfahrung sein. Und doch ist dieses Getrenntsein eine wichtige Voraussetzung, um sich mit etwas anderem verbinden zu können. Doch natürlich ist dauernde Verbundenheit eine Illusion. Um sich verbinden zu können, muss man vorher getrennt sein. Wer es anderen dauernd recht machen will, verwischt diese Grenze. Er spürt gar nicht mehr seine eigenen Wünsche, sondern richtet sich nur nach den Wünschen und Bedürfnissen des anderen. Dahinter steckt meist die Überzeugung, würde man sich in diesem Punkt einmal nicht einigen können, würde das die Beziehung nicht aushalten.

Diese Überzeugung resultiert oft aus erlebten Beziehungserfahrungen der Kindheit. Als Kind – und auch noch als Jugendlicher – sind wir völlig abhängig von unseren Eltern. Physisch, psychisch, existenziell. Immer wieder erlebt man als Kind, dass die Eltern über einen bestimmen und ihre Vorstellungen über Kleidung, Benehmen oder Verhalten durchsetzen, und das einzige Argument dafür lautet: Weil wir es so wollen. Oder umgangssprachlich ausgedrückt: »Solange du die Füße unter unseren Tisch streckst, machst du, was wir wollen.«

Viele Schwierigkeiten, die Paare haben, hängen damit zusammen, dass einer – oder beide – sich nicht trauen, ihre Unterschiedlichkeit wahrnehmen und gelten zu lassen. Denn Übereinstimmung und Harmonie gilt gemeinhin als wichtige Voraussetzung für eine gute Beziehung. Da ist viel dran. Je größer die gemeinsame Schnittmenge an Interessen und Herangehensweisen an Situationen ist, umso leichter kann man sich einigen. Doch Beziehung lebt auch von der Verschiedenheit.

Möglichkeiten der Ablösung

In früheren Zeiten war der Prozess des Übergangs vom Kindes- ins Erwachsenenalter klar geregelt. Noch vor 30 Jahren bekamen viele Jungen erst bei der Konfirmation in der protestantischen Kirche ihr erstes Paar langer Hosen. Viele erhielten auch dann ihre erste Uhr als Symbol dafür, dass sie nun selbst verantwortlich für ihre Zeit seien. Beim Festessen tranken sie zum ersten Mal Wein, als Zeichen, dass sie nun erwachsen seien.

In den sogenannten primitiven Kulturen, die ja – etwas wertfreier ausgedrückt – immer näher an der »Natur« und »natürlichen Prozessen« orientiert sind, gibt es oft sehr deutliche Übergangsrituale. So werden die Jungen meist im Alter von zehn oder zwölf Jahren von den Männern eines Stammes nachts aus dem Familienhaus geraubt und in den Wald gebracht. Die maskierten Männer erschrecken die Jungen mit Geheul und Lärm. In der Folgezeit verbleiben sie etliche Zeit mit den Männern in der Natur und lernen von ihnen Fertigkeiten und Künste, die nach der Auffassung dieses Stammes ein Mann lernen und beherrschen muss. Die Frauen haben zu dieser Zeit keinen Zutritt. Bei einigen Indianerstämmen markiert das Ende der Kinderzeit und der Beginn des Erwachsenenlebens eine ein- bis zweijährige Isolationszeit, in der sie ganz allein in einer Hütte leben.

Psychologisch betrachtet geht es bei diesen Übergangsritualen vor allem um das Loslösen aus der mütterlichen Sphäre. Der Junge erfährt, dass er – je nach Ritual – von Männern versorgt wird oder eben für sich allein sorgen muss. Er lernt, dass er für sich und seine Handlungen 100-prozentige Verantwortung übernehmen muss. Er begreift, dass Unterlassungen – wenn er beispielsweise seine Hütte nicht rechtzeitig wetterfest macht – unangenehme Folgen hat, weil »Mutter Natur« alle gleich behandelt und keine Ausnahmen macht. Er erlebt, dass er sich auf sich selbst verlassen und mit anderen jungen Männern zusammen sein kann.

Ich meine, dass solche Initiationsriten für die Entwicklung der Geschlechtsidentität wichtig sind. Mädchen haben es hier womöglich leichter, da sie meist mehr Kontakt zur Mutter haben. Doch ein Mann zu werden lernt man nicht von der Mutter. Man lernt es vom Vater oder anderen Männern. Ist der Vater aber nicht da, weil die Eltern sich getrennt haben, oder ist er zwar vorhanden, aber in der Freizeit nur müde oder anderweitig beschäftigt, fehlt dem Jungen diese positive Identifikationsmöglichkeit. Die Verbreitung von reinen Jungen-Cliquen, die sich mit U-Bahn-Surfen, Graffiti-Sprayen oder anderen kriminellen Tätigkeiten beschäftigen, kann man psychodynamisch möglicherweise als Sehnsucht nach einem solchen Übergangsritual verstehen. Am ehesten kommt als »Übergangshilfe« heute bei uns noch die Bundeswehr mit ihren Ritualen in Betracht. Doch diese kommt entwicklungspsychologisch recht spät. Außerdem kann man sich von der Teilnahme gut befreien lassen durch tatsächliche oder vorgetäuschte gesundheitliche Beeinträchtigungen oder indem man seine pazifistische Haltung vorweist bzw. vorgibt oder sich für einen sozialen Dienst verpflichtet. Das mag in vielerlei Hinsicht Sinn machen, aber damit scheidet auch diese mögliche Ablösungshilfe für Heranwachsende aus.

Wie der Ablösungsprozess gestört werden kann

Hilfreich für das Verständnis ist hier das Konzept meines Lehrers im Psychologiestudium, Helm Stierlin: das Konzept von den »Bindungsmodi«. In seinem Buch *»Das Drama von Trennung und Versöhnung«* unterscheidet er zwei Arten der Bindungskräfte zwischen Eltern und Kinder:

- Bindung – mit einer zentripetalen Kraft, die nach innen gerichtet ist;
- Ausstoßung – mit einer zentrifugalen Kraft, die nach außen gerichtet ist.

Je nachdem, welche Kräfte in einer Familie vorherrschen, lassen sich Ablösungsprobleme in drei Arten unterteilen:

Im Bindungsmodus

wirken nur zentripetale Kräfte und den Eltern fällt es schwer, das Kind, in unserer Perspektive hier: den Jungen, loszulassen. Er wird übermäßig behütet, verzärtelt oder verwöhnt, vielleicht weil die Mutter ihrem Sonnenschein alles geben will, was sie selbst in ihrer Kindheit schmerzlich entbehren musste. Kontakte zu Gleichaltrigen werden erschwert oder gänzlich unterbunden (»Da gehst du mir nicht hin!«) oder mit Schuldgefühlen belegt (»Dann sitze ich ja am Wochenende wieder ganz allein zu Haus«).

Stierlin betont, dass gerade das Binden durch Fordern einer unangemessenen Loyalität oder Treue zur Familie stärker wirken kann als Verbote oder Strafen. Denn diese kommen für den Jugendlichen von außen, deshalb kann er sich besser davon abgrenzen. Ist ein Jugendlicher jedoch durch Loyalität gebunden, wirkt als Strafe das eigene schlechte Gewissen. Da dies ja praktisch in ihm »sitzt«, kann er sich dagegen schlecht abgrenzen.[1]

Im Delegationsmodus

sind zentripetale und zentrifugale Kräfte wirksam. Einerseits wird hier der Jugendliche losgelassen in die Welt, aber andererseits auch gebunden, um direkt geäußerte oder unbewusste Bedürfnisse und Aufträge der Eltern zu erfüllen. Dies kann in Form praktischer Unterstützung geschehen, wenn beispielsweise Hilfe beim Hausbau oder in der Landwirtschaft notwendig ist, oder auch durch stellvertretende Kämpfe mit anderen Menschen.

Einmal berichtete mir ein Klient, dass er mit 14 Jahren »beschloss«, ein erfolgreicher Anwalt zu werden, als er mitbekam, wie seine Eltern Opfer eines »skrupellosen Finanzhais« wurden und einen Offenbarungseid leisten mussten.

Im Ausstoßungsmodus

dominieren zentrifugale Kräfte. Die Eltern empfinden das Kind als Hindernis für ihre eigene Lebensgestaltung, so, wenn man als Kind beispielsweise von der ärgerlichen Mutter hört: »Wenn ich nicht mit dir schwanger geworden wäre, wäre ich heute Ärztin!« Der Sohn wird meist an den Rand der Familie gedrängt und emotional vernachlässigt. Oft sucht der Jugendliche dann früh Kontakt zu Gleichaltrigen, um emotional zu überleben. Zwar gelingt solchen Jungen die Ablösung vom Elternhaus äußerlich betrachtet gut, da die Bindung ohnehin schwach ausgeprägt ist. Doch mangelt es dem Jugendlichen durch die fehlende elterliche Liebe und Unterstützung meist an der Fähigkeit, intensivere Beziehungen einzugehen und zu pflegen. Sein Verhalten wirkt auf die meisten Menschen sehr unabhängig und unnahbar.

Probleme bei der Entwicklung der Geschlechtsidentität

Auch hier können Probleme auftreten, vor allem in Form von ödipalen Konflikten. Kurz gesagt muss der Sohn seine auf die Mutter bezogenen erotischen Wünsche, die meist nur in der Fantasie erlebt werden, schrittweise aufgeben. Dabei helfen ihm Eltern, die einerseits klar die Elternrolle übernehmen und andererseits auch parallel als Paar zu erkennen sind.

Zeigt sich das Paar jedoch im Wesentlichen unerotisch oder asexuell miteinander, zum Beispiel indem sie sich gegenseitig mit »Mutti« und »Vati« anreden, entsteht für den Sohn ein verwirrendes Feld von Mehrdeutigkeit. Erlebt der Sohn die Mutter dann auch vom Vater enttäuscht und gibt sie ihm ihrerseits zu verstehen, wie verständnisvoll und männlich er doch sei, können leicht Fantasien in dem Heranwachsenden entstehen, dass eigentlich er der bessere Mann für seine Mutter sei.

In dieser schwierigen Phase fühlen sich Jungen oft erneut stark zum Vater hingezogen, um der überfürsorglichen oder kontrollierenden Mutter zu entkommen. Doch kann diese Sehnsucht auch verunsichern. Um diese Anziehung nicht als homoerotische Triebregung zu erleben, verhalten sich Söhne dem Vater gegenüber oft besonders aggressiv oder abfällig. Wie überhaupt das verächtliche Verhalten von Pubertierenden – »Peinlich, wie du dich kleidest!« – gegenüber ihren Eltern als notwendige Begleiterscheinung einer notwendigen Abgrenzung in einem gewissen Maße zu ertragen ist. Man trennt sich leichter, wenn man den anderen ablehnt. Gleichzeitig muss sich also der Sohn von seinem idealisierten und als mächtig erlebten Vater lösen, um seine eigene Männlichkeit zu entdecken und zu erproben.

Auch die Eltern durchleben eine neue Phase. Das Hinaustreten der Kinder in die Welt ermöglicht auch dem Paar wieder einen neuen Blick auf die Beziehung. Ist dieser Blick positiv und erwartungsvoll, können die Eltern als Mann und Frau den wachsenden Freiräumen freudig entgegensehen. Ist die Beziehung zwischen den Partnern jedoch erkaltet, vergiftet oder abgestorben, kann es – zum Beispiel für die Mutter – schwer sein, jetzt auch noch das einzige männliche Wesen, ihren Sohn, herzugeben.

Insofern sind Zeiten der Ablösung – nicht nur in der Pubertät – immer auch Phasenübergänge, mit all ihren Chancen und Risiken.

Ein früh verstorbener Vater stellt eine weitere Komplikation dar. Findet die Mutter wieder einen Partner und kann dieser gut mit dem Jungen, lernt dieser durch seinen Stiefvater auf vielerlei

Weise, wie es ist, männlich zu sein. Wichtig dabei ist aber auch, das Andenken an den Vater in Ehren zu halten. Wird dieser aber abgewertet, zum Beispiel, indem der Stiefvater sich als Vater versucht zu positionieren, kann es bei dem Sohn zur Verleugnung des Vaters kommen, indem dieser zum »Erzeuger« degradiert wird und der Stiefvater der eigentliche Vater wird.

Will oder findet die Mutter keinen Partner mehr und bleibt mit dem Jungen oder den Kindern alleinlebend, hat der Junge gar kein männliches Vorbild. Dies kann durch andere Männervorbilder in Form von Nachbarn, Großvätern, Lehrern ein Stück ausgeglichen werden. Je nachdem wie glücklich die Mutter mit ihrem Alleinleben ist, besteht aber auch die Gefahr, dass der Junge zum männlichen Partner wird. Entweder real, weil die Mutter ihre Finanzsorgen mit ihm bespricht, oder in der Fantasie des Jungen, der glaubt, dass er seine Mutter beschützen oder aufheitern muss.

Nur wer getrennt ist, kann sich vereinigen

Eine Frau legt langsam ihre Hand auf die Hand ihres Mannes. Beide können die sich anbahnende Berührung sehen und empfinden, weil sie sich beide ihrer Grenzen bewusst sind. Damit es zu einem spürbaren Kontakt kommt, braucht es eine Begegnung an der Grenze. Eine deutliche Grenze ist also die Vorbedingung für einen Kontakt. Zwei Wassertropfen auf einem Teller, abgegrenzt durch ihre sichtbare Oberfläche, können zusammenfließen, wenn ich den Teller neige. Im Unterschied dazu kann ich bei zwei wabernden Nebelschwaden an einem Novemberabend schwer feststellen, ob und wann sie sich berühren. Nebelschwaden haben keine feste Grenze.

In der Liebe ist es genauso. Wenn Sie erleben wollen, dass im Liebesakt Sie mit dem anderen eins werden, braucht es dafür eine von Ihnen erlebte Grenze, die sich dann ganz oder teilweise auflöst. Um sich dem anderen zu nähern, müssen Sie spüren und sich bewusst sein, dass es Sie als getrenntes Individuum gibt, und ebenso spüren, wo Sie aufhören und wo der andere beginnt.

In einer symbiotischen Beziehung ist diese Form der intimen Begegnung nicht möglich, denn beide erleben sich ja schon »zusammen« oder »eins«. Deswegen werden auch Beziehungen, in denen es nie Streit gibt – also getrennte Meinungen und die Auseinandersetzung darüber –, oft als harmonisch, von Außenstehenden aber auch als leblos oder langweilig erlebt.

Wer jetzt als Mann innerlich noch an seine Mutter gebunden ist, wird in aller Regel Schwierigkeiten in der Beziehung zu Frauen erleben. Denn er ist innerlich nicht frei, nicht getrennt genug, um sich mit einer anderen Frau zu verbinden.

Dieses Gebundensein kann offensichtlich sein, so wie beim klassischen Muttersohn, der mit 42 Jahren noch zu Hause wohnt, seine Unterhosen von der Mutter bügeln lässt und nichts seltsam daran findet. Das Gebundensein – oder die fehlende Ablösung – kann aber auch subtil und verborgen sein. So wie bei einem harten Manager, den in der Firma und zu Hause alle fürchten und der immer nur dann hilflos schaut und ganz kleinlaut wird – wenn seine Mutter ihn anruft.

Eine Frau fragt ihren Mann, bevor sie das Mittagessen kocht, ob er zum Braten lieber Nudeln oder Kartoffeln wolle. Der Mann überlegt kurz und sagt: »Nudeln.« Darauf erwidert die Frau, dass sie aber auch noch gute Frühkartoffeln habe. Der Mann antwortet: »Na gut, dann mach Kartoffeln.« Worauf seine Frau sich erkundigt: »Aber wenn du lieber Nudeln möchtest, kein Problem.« Der Mann antwortet, mit etwas resignierter Stimme: »Mir ist beides recht.«

Sich abzugrenzen ist für viele Menschen schwierig, wenn sie Beziehungserfahrungen gemacht haben, dass ein anderer wichtiger Mensch dieses Abgrenzen nicht gut vertragen konnte.

So berichtete mir ein Klient, dass er zweimal mit der Klasse ins Schullandheim gefahren war und ihn beide Male seine Mutter mit großer Trauer begleitet hatte. Auch hatte sie jeden Tag angerufen, um mit weinerlicher Stimme zu fragen, ob es ihm denn so weit weg von zu Hause, es waren etwa 35 Kilometer, auch wirklich gut ginge.

Wenn wir in frühen Jahren oft erleben, dass eine Trennung nicht durch einen kurzen Abschiedsschmerz gekennzeichnet ist und es dann beiden Menschen – getrennt voneinander – gut geht, kann sich die unbewusste Überzeugung bilden, dass die zur Autonomie notwendige Trennung und das Getrenntsein fürchterlich schlimm sind und dem »Verlassenen« nur Schmerzen zufügen. Da man dem anderen, vor allem wenn es ein geliebter Elternteil ist, nicht wehtun will, bleibt dann als Strategie, mit den eigenen autonomen Impulsen umzugehen, nur die Illusion des Sich-nicht-Trennens.

Ein Mann kommt zur Beratung zu mir, weil ihm sein Leben zu kompliziert geworden ist. Er ist verheiratet und hat zwei kleine Kinder, daneben seit Jahren zwei Geliebte. Alle Frauen wissen nichts voneinander. Als ich ihn frage, wie er denn diese drei verschiedenen Leben, deren Organisation ihm zu stressig geworden ist, reduzieren könne, antwortet er hilflos: »Aber dann müsste ich mich ja von mindestens einer Frau trennen! Das kann ich nicht!«

Sich trennen und Abschied nehmen ist etwas, was jeden Tag passiert. Und was einen mit der Erfahrung konfrontiert, dass man allein ist, getrennt von anderen. Vielleicht nicht für lange, aber doch immer wieder. Für Menschen, die Getrenntsein konflikthaft erleben, verspricht das Führen eines Doppellebens eine Lösung aus diesem ungelösten Thema.

Manche Menschen sind davon überzeugt, dass Trennung dem anderen immer Schmerz zufügt. Zum Erleben der eigenen Autonomie gehört aber, dass man sich vom anderen oder etwas anderem löst. Das Doppelleben scheint nun einen Ausweg aus diesem Dilemma zu bieten. Auf diese Weise lebt man seinen autonomen Impuls und erspart dem anderen – und sich selbst – das Ziehen einer Grenze.

Wer mit seiner Geliebten ein heimliches Doppelleben führt, kann der Ehefrau vormachen, dass er nur mit ihr zusammen ist. Der Geliebten kann er versprechen, dass er sich bald von seiner Frau trennen wird. Erfahrungsgemäß warten aber die meisten Frauen in der Geliebtenfalle viele Jahre vergeblich. Führt der Mann ein Doppelleben, spüren viele Ehefrauen nach einer Weile, dass da was nicht stimmt, und stellen den Mann zur Rede. Wenn ein Mann dies nun immer noch vehement abstreitet, dann spielt darin aus meiner Sicht nicht nur das Vermeiden des anstehenden Konflikts eine Rolle. Kommt so ein Klient in meine Beratung, spüre ich an seiner Argumentation, dass er auch für sich selbst die Illusion des Nichttrennens braucht. Meist begründet er nämlich das Leben mit zwei Frauen damit, dass das überhaupt nichts miteinander zu tun habe.

Wie die Ablösung vermieden werden kann

Ein Mann ruft jeden Morgen nach der Fahrt ins Büro seine Frau zu Hause an, um ihr zu sagen, dass er gut angekommen sei. Die Frau hat ihm schon viele Male gesagt, dass sie das zu Beginn ihrer Beziehung »süß« fand, es ihr aber mit den Jahren zunehmend lästig sei. Auf meine Frage an den Mann, warum er das tue, zuckt er mit den Achseln: »Ich weiß, dass das unnötig ist, aber ich fühle mich besser danach.«

Der Prozess der Ablösung des Jugendlichen von seinen Eltern ist alles andere als einfach. Und zwar für beide Seiten. Denn das Ablösen macht beiden Parteien deutlich, dass eine lange wichtige Phase zu Ende geht. Es ist ein Verlust, der schmerzen und traurig machen kann. Für den Jugendlichen wird klar, dass die meist unbeschwerte Kinderzeit vorbei ist. Allerdings lockt der süße Duft des Erwachsenenseins mit all seinen Möglichkeiten und Freiheiten.

Für die Eltern ist es nicht leicht, weil durch das Ende der Elternschaft einem auch das Älterwerden und damit die eigene Sterblichkeit bewusster werden kann. Zudem rückt die Paarbeziehung wieder in den Vordergrund. Je positiver diese Beziehung zwischen dem Mann und der Frau empfunden und erlebt wird, umso erwartungsfroher blickt das Paar auf die gemeinsame Zeit zu zweit.

Ein Rabbi wurde gefragt, wann denn nun das Leben beginne. Bei der Zeugung, in den ersten Wochen oder bei der Geburt? Der Rabbi war ein lebenserfahrener Mann und sagte: »Das Leben beginnt, wenn die Kinder aus dem Haus sind und der Hund gestorben ist.«

Ist die Beziehung jedoch nicht mehr so lebendig, ist das Paar in Routine erstarrt und lebte es die letzten Jahre nur noch als Wohngemeinschaft zum Zwecke der Kindererziehung und Hypothekentilgung zusammen, dann kann die nahende Ablösung des Kindes für ein Paar bedrohlich wirken. Dann fällt es schwerer, die Kinder loszulassen, weil man befürchtet, dass die entstehende Lücke leer bleibt und vielleicht nicht mehr durch das Paarleben ge- und erfüllt werden kann.

Aber auch für den jungen Erwachsenen ist die Ablösung ein Schritt ins Ungewisse. Gewohnte Sicherheiten wie Mamas Kochkünste und Papas Kreditkarte müssen aufgegeben und eigene Fähigkeiten entwickelt werden. Das ist für manche jungen Männer nicht einfach. Das »Hotel Mama« mit kostenlosem Zimmer- und Wäscheservice erscheint manchem attraktiver als die eigene Bude oder eine studentische Wohngemeinschaft, in der man sich dauernd darum streitet, wer schon wieder die Küche so versaut hat.

Deshalb wird von manchen Männern die für das eigene Erwachsensein so notwendige Ablösung auch vermieden oder verweigert. Dabei spielt die innere Ablösung immer eine wichtigere Rolle als die äußere Ablösung. Doch hilft Letztere meist, sich innerlich abzugrenzen. Für das Vermeiden der Ablösung gibt es zwei bewährte Möglichkeiten.

Anpassung als Vermeidung der Ablösung

Ein Paar kommt in die Beratung wegen häufigen Streitereien. Bei der Analyse, wann diese Streits besonders auftreten, kommt Folgendes heraus: Das Paar wohnt im Erdgeschoss eines Hauses, das die Eltern des Mannes zur Hälfte mitfinanziert haben, wofür sie eine Wohnung im Obergeschoss auf Lebenszeit bezogen haben. Die Eltern haben einen Schlüssel zur Wohnung und mehrmals pro Woche kommt die Mutter unangemeldet in die Wohnung des Paares. Meist wegen einer nichti-

gen Frage oder weil sie ein Ei borgen möchte. Innerhalb der nächsten Stunde gerät sich das Paar wegen einer Belanglosigkeit in die Haare.

Auf meinen Vorschlag, mal zu überlegen – nur zu überlegen –, sich den Schlüssel zurückzufordern, fängt die Frau an zu strahlen. Der Mann erklärt mir wortreich, warum das aber so praktisch sei, wenn mal ein Feuer ausbricht und im Urlaub wegen der Blumen und überhaupt, für diese Idee würden seine Eltern null Verständnis haben.

Der Auszug aus dem Elternhaus in die eigene Wohnung oder eine Wohngemeinschaft gilt allgemein als wichtiger Schritt in das Erwachsensein. Einmal wegen der räumlichen Trennung. Aber auch wegen vieler alltagspraktischer Dinge, die plötzlich allein bewältigt werden müssen: vom Waschen der Wäsche über das Einkaufen und die Zubereitung der Mahlzeiten bis zum Anmelden beim örtlichen Stromversorger.

Aber wichtiger als die äußere Ablösung mit ihren praktischen Problemen, die ja zumeist leichter lösbar sind, ist die innere Ablösung. Wenn diese nicht als Schritt in die ersehnte Freiheit erlebt wird, sondern vor allem als konfliktgeladener Verlust der Geborgenheit und der Verbundenheit zu den Eltern empfunden wird, kann es passieren, dass die Ablösung vermieden wird.

Da findet der Jugendliche dann nicht den Absprung und nimmt beispielsweise das Studium im Heimatort auf, obwohl es für seine Fachrichtung eine viel bessere Universität in einer Großstadt gäbe – die aber 200 Kilometer entfernt liegt.

Da fügt es sich dann gut, wenn die Mutter ihrem Sohn einen Zeitungsartikel über die Gefahren des Großstadtlebens vorliest und der junge Mann beim ersten Waschmaschinenversuch sein Lieblingssweatshirt ruiniert. Oder wenn der handwerklich so geschickte Vater anbietet, das Dachgeschoß gemeinsam auszubauen, damit der Sohn sein eigenes Reich bekommt. Es braucht dann einen starken Autonomiewunsch auf Seiten des Jugendlichen, damit er diesen verlockenden Angeboten widersteht. Aber vor allem braucht er die Überzeugung, dass es wohl seinen Eltern lieber wäre, wenn er nicht auszöge – dass sie seinen Wegzug aber nach einer Weile gut verkraften würden.

Spannend wird es immer dann, wenn der junge Mann sich ernsthaft verliebt und mit seiner neuen Freundin zusammenziehen möchte. Hat er sich eine Frau ausgesucht, die von der Idee, mit den Eltern ihres Freundes unter einem Dach zu wohnen, nicht begeistert ist, besteht wieder eine Chance zum Schritt in die Autonomie. Doch oft wählen sich nicht erwachsene Söhne unbewusst eine Partnerin, die gegen viel Nestwärme gar nichts einzuwenden hat, zum Beispiel, weil sie das in ihrer Herkunftsfamilie kaum erlebt hat. Und so wird die Schwiegertochter in spe bereitwillig adoptiert: Die Schwiegereltern verstehen sich auf Anhieb gut mit ihr und alle entdecken ganz viele Gemeinsamkeiten.

Da frühstückt man dann sonntags gern zusammen oder fährt auch mal gemeinsam in Urlaub. Alle finden es wunderbar – und so praktisch! Aber nach ein paar Jahren bekommt das Paar Beziehungsprobleme. Die Frau empfindet die fürsorgliche Art der Schwiegermutter zunehmend als Einmischung. Sie ärgert sich, dass bei Meinungsverschiedenheiten ihr Mann meist die Partei seiner Eltern ergreift: »Sie meinen es doch nur gut!« Dem Mann missfällt, dass seine Partnerin oft eine eigene Meinung vertritt, die so ganz anders ist als die eigene oder die seiner Eltern. Er gerät unversehens – und auch meist unbewusst – in einen Loyalitätskonflikt.

Jetzt zeigt sich die nicht geglückte Ablösung, aber ablösen kann man sich zu jeder Zeit im Leben. Doch der Mann muss sich entscheiden. Entscheidet er sich für seine Partnerin, kann das bei einem Konflikt heißen, dass er sich gegen seine Eltern stellen muss. Hält er zu seinen Eltern, stellt er sich automatisch gegen seine Partnerin.

Ein Paar plant die Anschaffung eines neuen Autos. Die eigenen Ersparnisse reichen nur für einen gebrauchten Fiat. Die Eltern stellen einen größeren Geldbetrag in Aussicht, wenn das Paar sich dafür ein »richtiges« Auto, beispielsweise Mercedes C-Klasse, kaufe. Der Mann sieht sich schon am Steuer seines Traumwagens. Die Frau spürt, dass die Annahme des Geldgeschenks sie beide mehr an die Eltern bindet, und plädiert für ein Auto »im Rahmen unserer Möglichkeiten«. Der Mann bringt Testberichte beider Fahrzeuge nach Hause und argumentiert für das »viel sicherere Auto«. Als seine Partnerin dies nicht überzeugt, findet er sie kleinlich und ist tagelang beleidigt.

Auch dieser Konflikt stellt neben dem Risiko, dass sich das Paar darüber in endlosen Debatten verfängt, wieder eine Chance zur Ablösung dar. Und zwar für alle drei Parteien:

☐ Die Frau sollte um des »lieben Friedens« willen gerade nicht einknicken, sondern ihrem Gefühl vertrauen, dass es bei diesem Thema weniger um ein Auto-Problem geht, sondern um ein »Auto-nomie-Problem« und um die Frage, auf welcher Seite ihr Partner steht.
☐ Der Mann muss erkennen, dass alles im Leben seinen Preis hat. Wer autonom leben will, muss ein Stück seiner Verbundenheit aufgeben. Wem die Verbundenheit mit den Eltern wichtiger ist als das Verbundensein mit seiner Partnerin, wird einen Preis in der Beziehung zu seiner Partnerin zahlen müssen.
☐ Die Eltern könnten erkennen, dass unaufgeforderte Hilfe oft verborgene eigennützige Motive beinhaltet. Verwöhnung, nicht notwendige Unterstützung, schwächt den Beschenkten und hilft meist eher, die eigene Gefühlslage zu regulieren.

Dass zu große Anpassung an die Eltern die Vermeidung einer notwendigen Ablösung darstellt, ist nicht immer einfach zu verstehen. Alle wollen doch nur das Beste und es gibt auch immer so viele vernünftige Gründe. Doch Beziehungen funktionieren nicht nach solchen Gesetzen der Logik, da geht es eher psychologisch zu.

Rebellion als Vermeidung der Ablösung

Ein Paar kommt zur Beratung zu mir, weil die Frau seit zwei Jahren eine Affäre hat und der Mann dies jetzt entdeckt hat. Die Hälfte des Jahres leben beide auf der Insel Gomera und verdienen ihren Lebensunterhalt mit dem Verkauf von Silberschmuck, den sie in der anderen Hälfte des Jahres in Deutschland herstellen. Der Mann, mit dem die Frau eine Affäre hat, ist ein erfolgreicher Geschäftsmann in Deutschland. Begonnen hatte das Ganze an Weihnachten, als die Frau zu ihren Eltern nach Hause wollte und der Mann eine Reise nach Deutschland zu diesem Zeitpunkt ablehnte.

In der Pubertät beginnen die meisten Jugendlichen, sich ein Stück von ihren Eltern abzulösen. Um ihre eigene Persönlichkeit und ihre eigenen Werte zu finden, rebellieren sie erst mal gegen die Werte und Normen der Erwachsenen. Schräge Musik, unmögliche Klamotten, schreckliche Manieren und ein eigener Wortschatz helfen dabei. Hauptsache, es ist anders und die Eltern regen sich darüber auf.

In der Pubertät ist Rebellion eine wichtige Strategie. Aber Rebellion kann man auch als Anpassung verstehen – nur eben mit umgekehrtem Vorzeichen. Wenn der Vater einen normalen Haarschnitt hat, läuft der Sohn vielleicht mit Rastazöpfen herum und probiert das Kiffen. Kifft der Vater aber als Alt-68er selber und trägt Pullover aus handgesponnener Schafwolle, wird der Sohn – um sich abzugrenzen – vielleicht nur Ralph-Lauren-Pullover und Timberland-Schuhe tragen.

Der Auszug aus dem Elternhaus findet bei der Rebellionsstrategie meist früher statt als bei der Anpassungsstrategie. Hier sucht sich der junge Mann auch meist den Ausbildungs- oder Studienort nicht nach der Qualität des Lehrbetriebs oder der Qualität der Universität aus, sondern nach der Entfernung zum elterlichen Wohnort. Diese muss meist mindestens 250 Kilometer betragen. Denn bei der Rebellion will man endlich ganz frei sein, endlich mal durchatmen und seine Freiheit genießen. Das geht nur, wenn man sicher sein kann, dass man auf die mütterliche Frage, wann man denn mal wieder nach Hause käme, antworten kann: »Ich würde ja gerne, aber hin und zurück sind das ja 500 Kilometer. Das dauert zu lange und ich muss ja lernen.« Andererseits ist man ziemlich sicher davor, dass die Eltern am Nachmittag auch nicht mal auf einen Sprung vorbeikommen.

Ein junges Paar, das versucht, sich durch Rebellion abzulösen, würde auch nie erwägen, das elterliche Angebot eines Nachbargrundstücks und eine großzügige Finanzierung durch die Eltern anzunehmen. Das Paar zieht lieber nach London oder nach Australien. Denn in Deutschland ist es ihnen zu eng: »Alles ist so reglementiert hier. Da kann man ja nicht frei atmen.«

Ob die Ablösung geglückt oder auf einem guten Weg ist, kann man an Weihnachten gut beobachten. Denn bei diesem »Fest der Liebe« geht es ja alle Jahre wieder um die Balance zwischen Verbundenheit und Autonomie bzw. um das Austarieren dreier Familiensysteme: dem Paar, ihren Eltern und seinen Eltern. Bei der nicht geglückten Ablösung kann man dann bei Paaren folgende Dialoge belauschen:

Sie: »Also Weihnachten ist bei uns immer das Familienfest. Da kommen alle Geschwister mit ihren Partnern bei uns zu Hause zusammen und es ist drei Tage eine ganz wunderbare Stimmung.«

Er: »Das geht unmöglich. Ich kann doch an Weihnachten meine Mutter nicht allein lassen. Die hat niemanden mehr und sie würde aber auch nicht zu deiner Familie mitkommen. Sie kennt da doch niemanden.«

Sie: »Na gut, dann feiern wir eben Heiligabend und den ersten Feiertag bei meinen Eltern und besuchen am zweiten Feiertag deine Mutter.«

Er: »Ausgerechnet Heiligabend soll meine Mutter einsam da-

sitzen, während die ganze Welt feiert! Das überlebt sie nicht! Das kannst du nicht von mir verlangen.«

Wenn sich ein Paar nun aber nach Neuseeland oder Gomera zurückgezogen hat, scheint das Ablösungsthema – zumindest für Weihnachten – gelöst. Beide denken, dass kein Elternpaar erwarten kann, dass man nur wegen zwei oder drei Tagen die weite Reise auf sich nimmt. Und natürlich melden sich die Eltern umgekehrt auch nicht für ein gemeinsames Mittagessen an.

Auch in der Berufswahl kann das Ablösungsthema eine Rolle spielen. Wer schon als Vierjähriger einen Doktorkoffer geschenkt bekommt und von der Verwandtschaft erfährt, dass der Vater und schon der Großvater Ärzte waren und man deshalb sicher auch ein guter Arzt werden wird, der hat es nicht so leicht, sich ganz unvoreingenommen für einen Beruf zu entscheiden: Er kann sich entweder anpassen und gar keine Alternativen ernsthaft prüfen: »Natürlich werde ich Arzt.« Dabei spielt auch der mögliche Druck oder die Missbilligung anderer Berufswünsche durch die Eltern eine Rolle:

Ein Klient verriet mir mal: »Ich bin Arzt geworden, weil mir mein Vater für den Dr. med. ein BMW-Cabrio versprochen hat. Ein anderes Studium hätte ich selbst finanzieren müssen.«

Oder der Jugendliche rebelliert früh gegen die Erwartungen aus dem Elternhaus nach dem Motto: »Mir ist jeder Beruf recht, Hauptsache *nicht* Arzt!«

Doch Rebellion ist Anpassung mit umgekehrtem Vorzeichen. Der betreffende Sohn kann mitunter gar nicht frei prüfen, ob er Arzt werden will oder eben nicht. Um nicht zu gehorchen, muss er sich seine vermeintliche Autonomie beweisen, indem er sich reflexhaft den elterlichen Vorstellungen widersetzt. Wohlgemerkt, in der Pubertät ist Rebellion eine angemessene und wichtige Strategie. Manche Menschen kommen allerdings ein Leben lang nicht aus der Pubertät heraus.

Die Entscheidung eines abgelösten Arztsohnes sieht idealerweise so aus: Er prüft alle für ihn interessanten Berufswege – und wählt vielleicht dann den Arztberuf. Natürlich sagt dann die ganze Verwandtschaft: »Das haben wir schon immer gewusst, dass du Arzt wirst.« Aber der erwachsene Mann kann sagen: »Nein, das war für mich nicht so klar. Ich habe auch andere Berufe erwogen, mich aber dann aus freien Stücken für diesen Beruf entschieden.«

Freiheit oder Abgelöstsein heißt also, etwas tun, obwohl ein anderer sich das wünscht – vorausgesetzt man selbst wünscht es sich auch. Rebellion heißt, etwas gerade nicht tun, weil ein anderer sich das von einem wünscht. Anpassung heißt, etwas tun, weil es sich der andere wünscht.

Das Ödipus-Thema als männliche Entwicklungsaufgabe

>»Ödipus-Komplex?
>Quatsch! Hauptsache, du liebst deine Mama.«
>*Anonym*

Vielleicht kennen Sie Loriots Film »Ödipussi«. Schon der Titel ist ja ein geniales Wortspiel. In dem Film wird die mangelnde Ablösung eines Mannes von seiner Mutter exemplarisch gezeigt.

Den Begriff des Ödipus-Komplexes hat Sigmund Freud geprägt. Im griechischen Mythos tötet Ödipus – ohne es zu wissen – seinen eigenen Vater, König Laios von Theben, in einem Handgemenge. Später, nachdem er erfolgreich das Rätsel der Sphinx gelöst hat, erhält er als Belohnung seine eigene Mutter Iokaste zur Ehefrau – auch dies ohne sein Wissen. Als er erkennt, dass er mit seiner Mutter jahrelang im Inzest gelebt hat, sticht er sich die Augen aus und geht als blinder Mann ins Exil.

Ödipus' Geschichte schildert Sophokles als eine von vornherein vom Schicksal besiegelte und durch ein Orakel vorhergesagte Tragödie, die Ödipus mehr oder weniger unfreiwillig widerfährt.

Nach Sigmund Freud stellt das Konzept der ödipalen Dramaturgie eine allgemeine Entwicklungsanforderung dar. Ursprünglich geht es dabei um die Wünsche nach Nähe und Intimität mit der Mutter(-Figur) und die Bedrohung durch eine väterliche Instanz, welche die Macht hat, zu bestrafen. Um sich diesem Spannungsfeld zu entziehen, reagiert das Kind mit der sogenannten Verdrängung: Bedrohte Triebimpulse gegenüber den Elternfiguren werden unterdrückt und verwandeln sich in das Über-Ich oder in Respekt und Zärtlichkeit.

Im gelösten Ödipus-Komplex lernt der Mensch, also der Jugendliche, zu verzichten und trotz dieses Verzichts zufrieden zu leben. Auf einer inneren Fantasieebene begreift der Sohn, dass er die Mutter nicht bekommen kann, weil sie schon einen Mann hat – seinen Vater. Je mehr es dann in der Pubertät dem Sohn gelingt, sich mit dem Vater als gutem Rollenmodell für Männlichkeit zu identifizieren, umso mehr kann er sich von der Mutterfigur – äußerlich wie innerlich – lösen und als junger Mann ins eigene Leben treten.

Nun ist es mit Theorien so eine Sache, mit psychologischen Theorien allemal. Man kann versuchen, sie empirisch zu überprüfen. Aber mit einer Theorie wie dem Ödipus-Komplex geht das schlecht, deshalb gibt es für dieses Erklärungsmodell Anhänger und Gegner, aber natürlich keinen Beweis. Eine ganz andere Theorie für die zu beobachtende Konkurrenz zwischen Vater und Sohn lieferte der bekannte Psychoanalytiker Erich Fromm. Er beschreibt einerseits die emotionale Abhängigkeit des Kindes von der Mutter und zweitens die Machtposition eines dominanten Vaters. Fromms Kritik an Freuds Theorie vom Ödipus-Komplex besteht darin, dass dieser einem Phänomen eine universale Gültigkeit bei allen Menschen zuschreibt, während diese Überlegenheit des Vaters – und die Unterordnung der Mutter und der Kinder – praktisch nur in patriarchalischen Gesellschaften gültig sei.

Auch die Ethnopsychoanalyse beschäftigte sich mit der Frage, ob das Konzept des Ödipus-Komplexes auf andere Kulturen übertragbar ist. Bei den Trobriandern, einem Volk auf einer Inselgruppe im Südpazifik, übernimmt beispielsweise der Onkel die Rolle des Vaters. Das hat zur Folge, dass die Konkurrenzkämpfe sich zwischen dem Jungen und dem Onkel abspielen. Das legt die Vermutung nahe, dass es nicht die *realen* Familienverhältnisse sind, die ausschlaggebend für diesen Konflikt sind, sondern deren Verarbeitung des Kindes in der Fantasie. Insofern ist der leibliche Vater nicht, wie Freud postulierte, automatisch der Konfliktpartner, sondern die väterliche Figur. Dies kann ein Onkel, aber auch der Stiefvater sein.

Dieser alternative Erklärungsansatz ist erst mal nicht von der Hand zu weisen. Es bleibt abzuwarten, ob durch die Frauenbewegung und das neue Väterbewusstsein für die Kinder in Beziehungen, die einen weniger patriarchalischen Charakter haben, die Konkurrenz zwischen Vätern und Söhnen abnimmt oder sich anders zeigt.

Doch unabhängig davon, welche Theorie man heranzieht, ist jedem aufmerksamen Beobachter deutlich, dass das Dreiecksverhältnis zwischen Mutter, Vater und Kind nicht einfach ist. Denn was ich hier zu beschreiben suche, ist natürlich in Wirklichkeit ein hochkomplexes innerpsychisches Geschehen, und zwar bei allen drei Beteiligten. Den beiden Eltern und dem Sohn. Es liegt auf der Hand, dass die Ablösung sehr störungsanfällig ist. Vor allem auch, weil die Kenntnis über derlei seelische Vorgänge wenig verbreitet ist. Zum anderen, weil Menschen nicht vor allem rational handeln, sondern aufgrund oft unbewusster Bedürfnisse und Motivationen. Solche Ablösungsprozesse können daher auf mehrere Arten gestört werden.

Emotionale Besetzung: Der Sohn als Partnerersatz

Rolf, 42 Jahre alt, Projektleiter in einer mittelständischen Firma, kommt zum Coaching, weil er Tipps für ein besseres Zeitmanagement möchte. Er kenne alle diesbezüglichen Techniken, wende sie aber in der betreffenden Situation nicht an. Er wisse mittlerweile, dass es etwas damit zu tun habe, dass er schlecht »Nein« sagen könne. Rational sei ihm klar, dass dies zuweilen nötig wäre und die Mitarbeiter seines Teams auch damit umgehen könnten – aber er fühle sich einfach schlecht dabei, wenn er einen dringend vorgebrachten Wunsch von jemand anderem abschlage.

Als ich nachfrage, was ihm aus Kindheit und Jugend dazu einfalle, kommt ihm eine Erinnerung, die er aber gleich abwehrt: »Das hat bestimmt nichts damit zu tun, das ist ja schon viel zu lange her.« Als ich ihn ermuntere, die erinnerte Situation dennoch zu erzählen, berichtet er vom langen Sterben seines Vaters, als er selbst zwölf Jahre alt war. Kurz vor seinem Ende habe ihn der Vater noch einmal zu sich gerufen und ihm gesagt: »Wenn ich nicht mehr da bin, bist du der Mann im Haus. Versprich mir, dass du gut für die Mama und deine kleine Schwester sorgst.« Unter Tränen habe er dies seinem Vater auf dem Totenbett gelobt.

In obigem Fall wird die Rolle des Partnerersatzes vom Vater praktisch befohlen und der Junge nimmt sie auf sich. Doch handelt es sich hier um die Rolle eines sorgenden, kümmernden Partners, der versucht, das Los der Mutter zu erleichtern.

In anderen Fällen wird der Sohn als Partnerersatz gebraucht, zuweilen auch missbraucht, indem die Sexualität des Jungen durch die Mutter vorzeitig und unangemessen stimuliert wird. Das kann durch erotisch-verführerisches Verhalten der Mutter geschehen, zum Beispiel, indem sie – bewusst oder unbewusst – die Schlafzimmertür offen stehen lässt und der Sohn sie beim Anziehen beobachten kann.

Eine andere Art des emotionalen Missbrauchs kann auftreten, wenn das Ehepaar miteinander zerstritten ist und ein Elternteil – im Falle des Sohnes ist es meist die Mutter – diesen auffordert, für sie gegen den Vater Partei zu ergreifen. Das kann geschehen, indem sie dem Sohn ausführlich Details über den Ehestreit und das aus ihrer Sicht unmögliche Verhalten des Vaters berichtet und ihn suggestiv nach seiner Meinung fragt: »Findest du das nicht auch unmöglich, was Papa da gemacht hat?« In einem solchen Fall bedarf es schon enormer Ich-Stärke, um sich aus diesem Konflikt herauszuhalten.

Bei erwachsenen Muttersöhnen findet man häufig auch Erfahrungen, dass die Mutter ihre eigenen Bedürfnisse nach körperlicher und emotionaler Nähe an dem Sohn stillt, indem sie ihn beispielsweise oft umarmen und/oder auf den Mund küssen will.

Ein Klient mit Schwierigkeiten, sich länger auf eine Beziehung zu einer Frau einzulassen, erinnerte sich während der Psychotherapie daran, dass er, immer wenn der Vater auf Dienstreisen war, in dessen Bett schlafen durfte. Das habe begonnen, als er mit sieben Jahren einmal aus einem Alptraum erwachte und sich in seinem Zimmer fürchtete. Von da an habe sich das als eine von beiden Seiten, von Mutter und Sohn, geliebte Gewohnheit entwickelt – bis der Sohn 17 Jahre alt war.

Ein anderer Klient erzählte mir dasselbe nur mit dem Unterschied, dass die Mutter darauf bestand, dass der Sohn in der Abwesenheit des Vaters das Ehebett mit ihr teilte, weil sie sich nachts fürchte.

Das Schwierige für den Heranwachsenden daran ist, dass Mütter derlei Gewohnheiten oft unter dem Vorwand der Fürsorglichkeit einführen oder wie im zweiten obigen Beispiel mit einer Notwendigkeit bemänteln und sich der erotischen Bedeutung – vor allem auch für die Fantasie des Jungen – nicht bewusst sind oder sich darüber bagatellisierend hinwegsetzen.

Eine besondere Situation entsteht, wenn das Elternpaar sich

trennt. Meist bleiben dadurch emotionale Verletzungen zurück, deren Verursachung dem Partner zugeschoben wird. Wird das Sorgerecht – wie meistens – der Mutter zugeschrieben, kommt es darauf an, ob die Mutter dem Kind weiter den Zugang zum Vater ermöglicht nach der Devise: »Egal was zwischen uns war, er ist dein Vater.« Oder aber der Kontakt zum Vater wird erschwert bzw. unmöglich gemacht mit Begründungen wie: »Er hat mein Leben zerstört. Ich lasse nicht zu, dass ihm das auch mit dir gelingt.«

Für den Sohn entsteht in solchen Situationen ein kaum auflösbarer Loyalitätskonflikt. Aufgrund seiner materiellen und emotionalen Abhängigkeit muss er sich mit der Mutter gut stellen. Sein Bedürfnis nach dem Vater muss er gleichzeitig unterdrücken, herunterspielen oder abspalten. Oft spielt der Vater unbewusst mit, vor allem wenn er die Familie, zum Beispiel wegen einer anderen Frau, verlassen hat. Um seine Schuldgefühle zu verringern und auch um nicht noch weiteren Streit etwa wegen Unterhaltszahlungen zu provozieren, hält er sich bei der Kontaktpflege oft zurück und »überlässt« der Mutter, fast könnte man sagen: »opfert« ihr den gemeinsamen Sohn.

In der männlichen Identitätsentwicklung ist der Vater jedoch enorm wichtig. Vor allem deshalb, weil er den Sohn aus der intensiven, zuweilen auch erdrückenden Nähe zu der Mutter herauslösen kann. Das beginnt schon sehr früh, indem der Vater oder eine väterliche Ersatzfigur dem Jungen zeigt, dass und wie man als Mann in der Welt lebt. Das kann beim Sandburgenbauen am Meer sein, beim gemeinsamen Spielen mit der Holzeisenbahn oder später der Carrera-Rennbahn oder in der heimischen Werkstatt beim Reparieren eines Fahrradschlauchs.

Oft sind es auch – hoffentlich – die Väter, die dafür sorgen, dass der kleine Sohn das elterliche Schlafzimmer verlässt und in seinem eigenen Bett schläft. Auf diese Weise lernen kleine Jungen die beiden wichtigsten Bedürfnisse zu vereinen: das Bedürfnis nach Nähe und das Bedürfnis nach Unabhängigkeit. Symbolisch ausgedrückt kann man das oft bei dreijährigen Jungen beobachten, die einerseits stolz ihren Spielzeuglaster mit sich herumtragen und gleichzeitig oder etwas später mit ihrem Schmusetuch herumlaufen.

Im Leben vieler Männer ist der Vater aber nicht greifbar oder nicht zugänglich. Entweder wie in dem eingangs geschilderten Fall, weil er früh starb oder weil die Eltern sich trennten. Am häufigsten höre ich aber in meiner Arbeit mit Männern, dass die Väter abwesend waren, weil sie sich in ihrer Arbeit vergruben oder emotional nicht zugänglich waren.

Dann kann es geschehen, dass der heranwachsende Junge sich ganz der über alle Maßen liebevollen Mutter, die ihn versorgt und verwöhnt, ausgeliefert fühlt. Vielleicht weniger in der Realität als in der Fantasie. Dann können innere Bilder von einer »verschlingenden« Mutter entstehen, denen sich der Junge nicht zu erwehren weiß und die oft in Träumen von Männern auftauchen. Die Wut auf diese übermächtige Mutter, die nicht selten auf die Ehefrau oder Partnerin übertragen wird – »In alles musst du dich einmischen!« – gilt dann oft nicht allein der überbeschützenden Mutter, sondern auch dem »abwesenden« Vater, der einen vor den Fängen der Mutter nicht bewahrt hat.

Exkurs: Wie sich Vater-Abwesenheit auswirkt

Betrachtet man schulische Vergleichsstudien wie IGLU (Internationale Grundschul-Lese-Untersuchung) oder die besser bekannten PISA-Studien, so sind die Unterschiede zwischen den Geschlechtern deutlich. Jungen im Alter von zehn oder fünfzehn Jahren sind beim Lesen und Reflektieren gleichaltrigen Mädchen deutlich unterlegen. Das setzt sich fort: Waren vor 20 Jahren Abiturienten noch überwiegend männlich, sind heute nur noch 43 Prozent Jungen. Dafür stellen sie aber bei den Hauptschulen mit 62 Prozent den Löwenanteil. Und Schulabbrecher sind beinahe ausschließlich Jungen.[2]

Was sind die Gründe hierfür? Psychoanalytische Forschungen

– und der gesunde Menschenverstand – legen nahe, dass die Bedeutung des Vaters nach der Zeugung nicht beendet ist: Kinder sind bei der Entwicklung ihrer Identität – wozu auch die Fähigkeit gehört, eigene Impulse zu steuern – auf positive Beziehungserfahrungen mit ihrem Vater angewiesen. Dabei spielt das Konzept der Triangulierung eine wichtige Rolle, das heißt, die Erfahrung, dass eine Beziehung zu dritt, also Vater, Mutter und Kind, einerseits Stabilität und andererseits Flexibilität vermitteln kann. Das zeigt auch eine Untersuchung aus der Schweiz, wonach vierjährige Jungen in Konflikten sich umso weniger aggressiv verhalten, je mehr der Vater in der Familie anwesend ist.

Das ist gar nicht so einfach, empfinden doch etliche Väter den männlichen Nachwuchs nicht nur als erwünschten Stammhalter, sondern auch als unliebsamen Rivalen um die Gunst der Mutter.

Als ich einen Mann, der drei Monate nach der Geburt seines Kindes fremdgegangen war, fragte, warum er gerade zu diesem Zeitpunkt sich anders orientierte, antwortete er – ohne groß überlegen zu müssen: »Ich wollte wieder eine Frau nur für mich haben.«

Auch viele Lehrer führen schulische Schwierigkeiten ihrer Schüler auf das Fehlen eines männlichen Vorbilds bzw. eines zugewandten, interessierten Vaters zurück. Hier spielen auch soziologische und kulturelle Umstände eine Rolle. Bis zu ihrem zehnten Lebensjahr werden Jungen in Kindertagesstätten, Kindergärten und Grundschulen fast ausschließlich von Frauen erzogen. Dieses Fehlen positiver Identifikationsmuster außerhalb der Familie wirkt wohl umso schwerer, wenn auch in der Familie das männliche Vorbild entweder gänzlich fehlt oder zwar existent aber nicht anwesend ist.

Väter fehlen vor allem bei der Formung und Bewältigung von aggressiven Impulsen. Das körperliche Raufen mit dem Vater ist – neben dem Spaß für beide – eine wichtige Erfahrung, wie im Miteinander Kräfte ausprobiert und dosiert werden können. Dabei können Jungen erleben, dass ihre ungestümere Art nicht einfach anders ist als die eines Mädchens oder gar »zu wild«, sondern sie erfahren im besten Falle Anerkennung und Wertschätzung durch den Vater. Fehlt dieser, so kann der Kontakt zu anderen männlichen Vorbildern in der Verwandtschaft oder Nachbarschaft ein Ausgleich sein.

Spiegelung des Kindes und die Wertschätzung in den Augen eines Elternteils gelten als eine wesentliche Voraussetzung für eine gesunde psychische Entwicklung. Hier sind Mädchen in unserer Gesellschaft im Vorteil. Werden sie doch durch die eigene Mutter als auch von den Erzieherinnen in Kindergarten und Schule in vielen Alltagssituationen positiv gespiegelt. Jungen fehlt diese Erfahrung oft über lange Zeit. Die Faszination von vielen Jungen für aggressive Computerspiele im Sinne einer Suche nach »männlich-starken« Leitbildern könnte so erklärt werden.

Insgesamt lässt sich sagen, dass durch die aufgezeigten Entwicklungen Jungen stärker als Mädchen dazu neigen, diesen »Vater-Verlust« durch Fantasien wettzumachen. Meist drehen sich diese Fantasien darum, nach völliger Unabhängigkeit zu streben oder ganz stark zu werden. Das führt auch dazu, dass Jungen, die ohne ausreichend väterliche Energie in ihrer Identität sehr verunsichert sind und viel psychische Energie brauchen, diese labile Identität zu stützen. Möglicherweise fehlt ihnen dann diese Energie beim Entwickeln emotionaler und kognitiver Kompetenzen.

Parentifizierung: Der Sohn als Elternteil

Andreas, den ich in einer Erziehungsberatungsstelle kennenlerne, ist zwölf Jahre alt, als die Mutter sich scheiden lässt. Nach der Schule kümmert sich der Junge um die Schulaufgaben der zwei kleineren Geschwister. Er kauft ein und hat ein Abendessen zubereitet, wenn die Mutter spät von der Arbeit kommt. Manchmal massiert er ihr die von ihrem anstrengenden Job als Verkäuferin schmerzenden Füße.

In dieser Situation haben sich die Familienrollen umgekehrt. Der Junge übernimmt elterlich fürsorgende Funktionen für die Mutter. Normalerweise erwarten und bekommen Kinder Zuwendung, Geborgenheit und Sicherheit von ihren Eltern. Bei der Parentifizierung dreht sich das Rollenverhalten um, weil ein Elternteil – hier die Mutter – völlig überfordert ist. Ich kenne andere Fälle, wo der 14-jährige Sohn das Familieneinkommen verwaltet, alle fälligen Zahlungen erledigt und den Eltern und sich ein Taschengeld zuweist. Die Eltern begründeten dieses seltsame Arrangement damit, dass er so gut in Mathematik sei und besser rechnen könne als beide Eltern.

In ihrem damals Aufsehen erregenden Buch »*Das Drama des begabten Kindes*« schilderte Alice Miller jene emotional bedürftigen Eltern, die oft ein Leben lang danach hungern, was sie von ihren Eltern nicht bekommen haben: Zuwendung, Akzeptanz und Bewunderung. Zu diesem Drama gehört nun auch die Fähigkeit eines Sohnes, diese ungestillten Bedürfnisse seiner Mutter intuitiv zu erahnen und sich dafür zur Verfügung zu stellen. Ein »weniger begabter« Sohn, der sich auch schon innerlich mehr ablösen konnte, wäre für die subtilen Bedürfniswünsche taub und würde stattdessen einfach zum Fußballspielen gehen.

Doch der Sohn ist nicht einseitig Opfer der Situation. Er profitiert auch, indem er sich enorm aufgewertet fühlen kann: entweder durch tatsächliche Dankesworte der Mutter – »Was wäre ich ohne dich!« – oder durch die unbewussten, verborgenen Größenfantasien mit der Überschrift »Ohne mich würde das alles hier zusammenbrechen«.

Delegation: Der Sohn als Erfüller des eigenen Lebens

Eckard K. ist leitender Oberarzt und nimmt nach seinem zweiten Burnout an einem Work-Life-Balance-Seminar bei mir teil. Er ist 47 Jahre alt, verheiratet und hat zwei Kinder. In der gemeinsamen Arbeit kommt heraus, dass er bereits als kleiner Junge von seinem Vater hörte, dass er mal Arzt werden solle, weil dem Vater dies in der Nachkriegszeit nicht möglich war. Auf meine Frage, warum er in seinem Beruf nicht kürzertreten könne, er habe doch schon viel erreicht, antwortet er: »Mein Vater war Buchhalter und ist am Wochenende Taxi gefahren, um mir das Studium zu ermöglichen – ich kann ihn doch nicht enttäuschen.«

Von »Eislaufmüttern« ist bekannt, zu welchen Opfern – aber auch zu welcher gnadenlosen Strenge – diese fähig sind, damit ihr Kind »einmal etwas Außergewöhnliches vollbringt«. Bei sehr erfolgreichen Muttersöhnen spielt oft die Delegation von unerfüllten Wünschen und Entwicklungsmöglichkeiten eines Elternteils eine große, fast immer unbewusste Rolle.

Da wird ein Junge einer Handwerkerfamilie mit Druck, verschiedenen Nachhilfelehrern und unverhüllter Bestechung – »Zum Abitur bekommst du einen Sportwagen!« – zum Abitur gedrängt, der vielleicht aufgrund seiner Neigungen und Talente mit einer Lehre zufriedener wäre. Wie viele Kinder und Jugendliche müssen sich im Klavierunterricht quälen oder Tennis spielen, nur weil einem Elternteil derlei Hobbys in seiner Jugend versagt blieben. Schwierig zu erkennen ist oft das wahre Motiv des Elternteils, da es meist mit den schon sprichwörtlichen Begründungen wie »Ich wäre damals froh gewesen« oder »Du sollst es doch mal besser haben als ich!« verdeckt wird.

Typische Familienkonstellationen

In meinen Persönlichkeitsseminaren lasse ich die Teilnehmer am zweiten Tag ihre Herkunftsfamilie malen. Dabei sollen alle Personen auf das Bild, die bis zum zehnten Geburtstag des Teilnehmers in der Wohnung oder nah dabei gewohnt haben. Die Menschen sollen dabei auf eine besondere Weise gemalt werden: Durch die Größe der Figuren soll die jeweiligen Dominanz ausgedrückt werden. Erfahrungsgemäß können das schon Vierjährige einschätzen. Wenn man im Kindergarten fragt: »Wer ist denn bei euch zu Hause der Chef?«, dann sagen einem Vierjährige was dazu. Und durch die Nähe oder Distanz der jeweiligen Personen auf dem Bild soll die emotionale Verbundenheit oder auch Getrenntheit dargestellt werden. Dabei erlebe ich immer wieder zwei typische Familienkonstellationen:

☐ *Dominanter Vater – hilflose Mutter*
Oft führt ein sehr patriarchalisch denkender Vater ein strenges Regiment mit strikten Regeln, die mit Wutausbrüchen und oft körperlichen Strafen durchgesetzt werden. Die Mutter schaut dabei oft weg und kuscht aus Angst, anstatt ihren Ehemann in die Schranken zu weisen oder sich zu trennen.

Hier kann sich nun der Sohn anbieten, die Bedürfnisse der Mutter an Stelle des Vaters zu erfüllen. Dabei möchte ich betonen, dass hierbei eine schlichte Täter-Opfer-Betrachtung fast immer zu kurz greift. Es ist ein meist unbewusstes Zusammenspiel aller Beteiligten.

Die Mutter verhält sich hilf- und schutzlos und vermeidet die Auseinandersetzung mit ihrem Ehemann. Stattdessen signalisiert sie dem Sohn, dass nur er sie beschützen, retten, erlösen oder zumindest ihr Los ertragen helfen kann.

Der Vater braucht sich dann nicht mit seinem Verhalten auseinanderzusetzen und beruhigt seine Schuldgefühle, indem er zulässt, dass der Sohn sich um die Mutter kümmert.

Der Sohn schließlich unterdrückt seine Enttäuschung und seinen Ärger über das Verhalten des Vaters, indem er eine Koalition mit der Mutter eingeht nach dem Motto »Wir zwei Guten gegen den Bösen«. Andererseits erfährt er durch seine wachsende Wichtigkeit für die Mutter eine enorme Aufwertung. Gleichzeitig kann er seine ödipalen Aggressionsregungen gegen den Vater durch gute Taten an dessen Ehefrau sublimieren. Meist verfügen solche Söhne als Erwachsene über ein erstaunliches Einfühlungsvermögen für die Gefühle und Bedürfnisse von anderen Menschen. Das ist kein Wunder, denn sie haben es schon bei ihrer Mutter von klein auf geübt und waren damit erfolgreich.

☐ *Dominante Mutter – schwacher Vater*
Ein Ehepaar wird gefragt, wie sie es mit der Aufgabenteilung in der Familie geregelt haben. Der Mann antwortet, dass alle unwichtigen Entscheidungen seine Frau treffe und alle wichtigen Dinge natürlich er entscheide. Auf die Frage, was »unwichtige Entscheidungen« seien, antwortet der Mann: »Nun, welche Anschaffungen wir machen, wohin wir in Urlaub gehen, auf welche Schule die Kinder gehen – das entscheidet alles meine Frau.«

Auf die neugierige Frage, was denn dann wichtige Entscheidungen seien, die der Mann treffe, antwortet der Mann: »Nun, ob die Mehrwertsteuer erhöht werden soll, wie wir uns in der Afghanistan-Frage verhalten sollen und ob die Türkei in die EU aufgenommen werden soll ...«

Bei der Konstellation »dominante Mutter – schwacher Vater« ist die Frau der »Mann im Haus«. Alle wichtigen Entscheidungen trifft sie. Wer sich ihren Anordnungen zu widersetzen versucht, bekommt meist ihre Aggression in Form von einschüchternder Zurechtweisung, beißendem Spott, stummem Ignorieren oder körperlicher Züchtigung zu spüren.

Die allumfassende Macht einer solchen Mutter ist jedoch nur

möglich, weil der Ehemann sich ohnmächtig fühlt und dementsprechend schwach verhält. Er fühlt sich unterlegen, weil er vielleicht Alkoholprobleme hat, aus einer niedrigeren sozialen Schicht stammt oder in den Augen seiner Ehefrau – und in seinen eigenen – ein sonstiges Manko trägt, das ihn in die unterlegene Rolle zwingt.

Hier erlebt der Sohn, dass offener Widerstand gegen die Mutter zwecklos ist und er sich ebenso unterordnen muss. Die Mutter versucht, sich den Sohn ebenso gefügig zu machen, indem sie ihm jegliche Autonomieimpulse verbietet: »Dann bist du nicht mehr mein Sohn.« Oder sie verleidet ihm seine Bestrebungen mit der Prophezeiung: »Willst du so enden wie dein Vater?« Oder die Mutter bestraft den Sohn hart: »Dann sieh zu, wie du alleine zurechtkommst.«

Das Kind wird nicht als eigenständiges Wesen gesehen, sondern mehr als ein Objekt, das für die Wünsche und Bedürfnisse der Mutter herzuhalten hat. Diese können intellektueller Natur sein, dann wird der Sohn zu schulischen und später beruflichen Höchstleistungen angestachelt. Oder sie können emotionaler Natur sein, dann bleibt der Sohn möglicherweise im Elternhaus hocken und man führt fast eine »Ehe zu dritt«.

All das ist nur möglich – wie bei der ersten Konstellation »dominanter Vater – hilflose Mutter« –, weil der andere Elternteil dem dominanten Partner keinen Widerstand entgegensetzt, der die Machtfülle begrenzt und reguliert.

Beide Familienkonstellationen sind hier als gegensätzliche Pole eines Kontinuums beschrieben. Dazwischen gibt es viele Spielarten und Mischformen. In all diesen Fällen bekommt der Sohn jedoch kein positives Männer- oder Frauenbild vermittelt. Anzustreben wäre eine Balance zwischen Führen und Folgen bei den Eltern. Das erfordert, dass beide Eltern sich trauen, den anderen oder die Familie zu führen, aber ebenso auch die Fähigkeit und die Bereitschaft haben, nicht immer bestimmen oder rechthaben zu müssen, sondern auch folgen und sich anvertrauen können.

In beiden Fällen kommt es häufig vor, dass die Mutter andere Frauen abwertet, zum Beispiel offen dem Sohn gegenüber attraktive Frauen als »nuttig« oder als »Huren« bezeichnet. Beim Sohn kann dann ein Frauenbild entstehen, das sehr prägnant im Titel eines Taschenbuchs von Lisa Fitz und anderen heißt: *»Alles Schlampen, außer Mutti!«*

Warum wollen die meisten Frauen erwachsene Männer?

Beziehungskonstellationen entwickeln sich nicht unabhängig oder in einer Art luftleerem Raum, wo prinzipiell alles möglich ist. Beziehungen entwickeln sich erst im Kontext der jeweiligen Gesellschaft mit ihren ganz individuellen Werten und Moralvorstellungen.

Heute morgen lese ich in der Zeitung, dass in islamischen Ländern wie Pakistan und Bangladesh auf Ehebruch der Frau die Steinigung als Strafe steht.
   Aufgrund eines Gesetzes darf in Pennsylvania kein Mann ohne die schriftliche Genehmigung seiner Frau Alkohol kaufen.

Zum anderen entwickeln sich Beziehungen immer in einem historischen Kontext:

Bis zum Jahr 1977 mussten in der Bundesrepublik Deutschland Frauen ihre Ehemänner von Rechts wegen um Erlaubnis fragen, wenn sie einen Beruf ergreifen wollten. Bis 1958 konnte ein Ehemann das Arbeitsverhältnis seiner Frau fristlos kündigen. In Bayern mussten Lehrerinnen noch in den 1950er Jahren ihren Beruf aufgeben, wenn sie heirateten.

Zudem entwickeln sich Beziehungen auch vor dem Hintergrund der beiden Herkunftsfamilien der jeweiligen Partner. Dabei spielen der Beruf der Eltern, der Bildungsstand, die ökonomischen Verhältnisse, der Wohnort (ob Großstadt oder kleines Dorf) und die Geschwisterposition eine wichtige Rolle. Und natürlich kommen die jeweiligen Persönlichkeitsmerkmale der beiden Partner hinzu.

Aus all dem wird deutlich: Will man Beziehungskonstellationen verstehen und erklären, greifen einfache Ursache-Wirkung-Mechanismen nach dem »Wenn-dann-Muster« fast immer zu kurz. Ohnehin lassen sich Schwierigkeiten im Leben nicht gesetzmäßig im Voraus prognostizieren. Es ist wie mit der Gesundheit. Was gesund und was Krankheit verhütend ist, lässt sich zuweilen statistisch nachweisen. Aber für den Einzelfall bringt die Statistik nichts.

Im Krankenhaus lag ich mal neben einem Mann, der die ganze Zeit haderte und schimpfte. Auf meine Frage, was los sei, antwortete er: »Ich habe Magenkrebs im Endstadium – und das kann einfach nicht sein. Ich habe alles richtig gemacht in meinem Leben. Ich habe mich nur vegetarisch aus dem Ökoladen ernährt, nie geraucht, keinen Alkohol, regelmäßig aber nie übertrieben Sport betrieben. Ich liebte meinen Beruf als Apotheker, war mit meiner Frau und unseren beiden Kindern glücklich. Ich bin gläubiger Christ und habe mich jedes Jahr durchchecken lassen. Ich habe alles richtig gemacht – und jetzt habe ich Krebs.«

Nach den derzeit geltenden Statistikregeln für ein gesundes, langes Leben hatte dieser Mann wirklich alles richtig gemacht. Aber das Leben ist nun mal keine Sache, die man mittels richtiger Rezepte managen kann. Das Gleiche gilt für Beziehungen. Man kann aber im Nachhinein Einflüsse identifizieren, die wahrscheinlich zu einem bestimmten Ergebnis geführt haben. Einfach gesagt: Viele Straftäter haben ihre Kindheit in Heimen verbracht. Aber die meisten Kinder, die in Heimen waren, sind *nicht* kriminell geworden.

Was heißt das jetzt für Beziehungen? Es heißt vor allem, dass die hier vorgestellten Konzepte, Theorien und Standpunkte nicht »wahr« sind. Aber sie sind brauchbar und nützlich, um sich mit der eigenen Beziehung näher zu beschäftigen. Deshalb heißt die Überschrift dieses Kapitels auch »Warum wollen die meisten Frauen erwachsene Männer?«. Die meisten, nicht alle. Warum das so ist, sollen die folgenden Ausführungen beschreiben.

Um sich als Frau in einer Beziehung zu fühlen, braucht es einen Mann

Das Leben entwickelt sich und findet statt zwischen Polaritäten. Nord- und Südpol, stark und schwach, heiß und kalt, Tag und Nacht. An den Extremen, zum Beispiel in sehr großer Höhe oder tief unten in einer Höhle, ist es mühsam zu leben. Ganz ohne Partner zu leben mag ruhig, aber vielleicht auch eintönig sein, mit sieben Frauen verheiratet sein ist wahrscheinlich abwechslungsreich, aber auch anstrengend.

Unser Leben pendelt auch häufig zwischen den verschiedenen Polaritäten hin und her.

Wenn Sie viele gesalzene Erdnüsse essen, haben Sie Lust auf ein Bier – und umgekehrt. Als ich ein Jahr in Israel lebte, wo fast jeden Tag die Sonne schien, war ein bedeckter oder regnerischer Tag eine willkommene Erfahrung. Auch das Beziehungsleben kann sich am besten entfalten zwischen Mann und Frau. Hier sind vor allem weibliche und männliche Qualitäten gemeint, also das bekannte Yin und Yang-Prinzip, denn auch in einer gleichgeschlechtlichen Beziehung kann man diese Tendenzen beobachten.

In einer Beziehung, in der der Mann vor allem sogenannte »weibliche« Qualitäten zeigt, sich also immer verständnisvoll, nachgiebig, wenig abgrenzend usw. zeigt, wird wohl nach einer Weile seine Partnerin »männliche« Qualitäten entwickeln oder zeigen, damit wieder ein funktionierendes Zusammenleben gelingt

Ein Paar hat vereinbart, dass jeder abwechselnd die beiden Kinder ins Bett bringt und um 20 Uhr das Licht ausgemacht wird. Wenn nun der Mann dran ist, passiert es regelmäßig, dass er kein Ende findet. »Nur noch eine Geschichte«, betteln die Kinder, und der Vater gibt nach. Oft wird es 22 Uhr und später mit der Folge, dass die Kinder am anderen Morgen unausgeschlafen sind. Wenn die Frau manchmal gegen 21 Uhr ins Zimmer kommt und ihren Mann auf die vereinbarte Uhrzeit verweist, hat sie die Kinder gegen sich und der Mann findet, sie sei immer so streng.

Kommt dies öfter vor, drängt der Mann seine Partnerin in die Mutterrolle, weil er sich wie ein Pubertierender verhält, indem er die mit ihm getroffenen Vereinbarungen nicht einhält. Man kann spekulieren, warum der Mann sich so verhält. Vielleicht will er immer »der Gute« sein, indem er den notwendigen Konflikt über Grenzen mit den Kindern ausweicht und dadurch seine Frau indirekt nötigt, »die Böse« zu sein, die streng über die Regeln wacht.

In der obigen Konstellation würde die Frau einen Mann brauchen, der mit ihr gemeinsam auf gleicher Augenhöhe das Ritual des Zubettgehens durchführt. Zeigt sich der Mann nicht als männlicher Partner, sondern als rebellierender Sohn, macht er dadurch seine Partnerin größer und mächtiger und kann sich mit seinen Kindern verbünden. Doch das bekommt weder den Kindern noch dem Paar.

Vielleicht verbringt der Mann auch deswegen so viel Zeit mit den Kindern, weil er dann nicht Zeit mit seiner Partnerin verbringen muss. Vielleicht rebelliert er auch gegen die getroffene Vereinbarung, weil er eigentlich nicht damit einverstanden war, aber die Auseinandersetzung darüber scheute.

Mit den folgenden »Gleichungen« möchte ich Sie zum Nachdenken über Ihre Beziehung, vielleicht auch über zurückliegende Beziehungen anregen:

- ☐ Je männlicher der Mann, umso weiblicher kann die Frau sich fühlen.
- ☐ Je unmännlicher der Mann sich gibt, umso weniger weiblich wird die Frau sich fühlen und stattdessen entweder »männlicher« oder »mütterlicher« werden.
- ☐ Je mütterlicher sich die Frau um den Mann sorgt, umso weniger männlich-selbstständig wird der Mann sich verhalten und stattdessen eher rebellieren oder sich verwöhnen lassen.

Ein nicht erwachsener Mann lädt seine Partnerin ein, ihn zu bemuttern:

- ☐ ihn übermäßig zu trösten, wo sanfte Konfrontation besser wäre;
- ☐ Verständnis für seine störenden Macken zu haben, wo sie sich eigentlich ärgert;
- ☐ ihm Dinge abzunehmen, die ihm lästig sind, anstatt ihn die Konsequenzen seines Tuns erleben zu lassen;
- ☐ ihn zu verwöhnen, um ihn freundlich zu stimmen oder ihn unmerklich zu manipulieren.

Warum tun Frauen das? Meist, weil sie den andernfalls vielleicht entstehenden Konflikt vermeiden wollen. Oder weil sie sich dadurch überlegen fühlen können. Doch diese Überlegenheit bezahlen sie, indem sie den Partner heimlich oder offen verachten.

Erwachsene Männer brauchen keine Nacherziehung. Und eine Beziehung ist kein Erziehungs-Camp. Erwachsene Männer brauchen eine erwachsene Partnerin. Unbewusst suchen sie vielleicht eine »Mutti« oder eine »Geisha«. Doch zu diesem Arrangement gehören immer zwei.

Warum manche Frauen einen »unmännlichen« Mann wählen

Ein Ehepaar kommt zur Beratung. Die Frau hat auf dem privaten PC des Mannes Pornobilder entdeckt, fühlt sich gekränkt, zumal die Beischlafhäufigkeit in den letzten Jahren gegen Null geht.

Die Frau erklärt wortreich, wie schlimm sie das findet. Der Mann erklärt, er wisse nicht, wie die Bilder auf seinen PC gekommen seien. Ich spüre, dass die Frau erwartet, ich möge ihre Entrüstung teilen, und dass der Mann erwartet, ich möge ihn ebenfalls verurteilen und man möge gemeinsam eine gerechte Strafe für ihn finden.

Stattdessen sage ich zu dem Mann: »Was Sie für Bilder auf Ihrem PC haben, geht Ihre Frau nichts an. Warum sichern Sie die Dateien nicht mit einem Passwort gegen den Zugriff für Unbefugte?«

Der Mann ist völlig verdutzt und wirkt nachdenklich. Die Frau ist empört und will den Raum verlassen.

Manche Mütter schnüffeln im Schrank ihres pubertierenden Sohnes, weil sie spüren, dass ihr Sohn sich für »andere« Frauen interessiert, und sie das unmöglich finden. »Mutti-Frauen« tun das auch manchmal. Aber es ist nicht gut – für beide Partner nicht. Sie selbst wird dadurch zur kontrollierenden Mutter, die das Gefühl für Grenzen und den Respekt für ihren Partner verliert. Der Mann wird beschämt, auch weil er sich nicht traut, sich gegen diesen Übergriff zu wehren. Stattdessen wird er sich zurückziehen, schmollen, oberflächlich Reue zeigen – und insgeheim einen Groll hegen oder Rachepläne schmieden.

Angst vor männlicher Energie

Manche Frauen wählen einen »unmännlichen« Mann, weil sie Männer fürchten gelernt haben. Wer als Mädchen Mannsein vor allem als Dominanz durch verbale oder körperliche Gewalt erlebt hat, sucht sich oft unbewusst in der Partnerschaft das Gleiche. Ganz viele Frauen, die in Frauenhäusern Zuflucht suchen, kennen Gewalt gegen Frauen aus dem Elternhaus.

Oder eine Frau sucht sich das Gegenteil. Eben weil sie sich oft heimlich in der Kindheit oder Jugend geschworen hat: »Das passiert mir nie wieder!« Doch unmännliche Männer sind nicht unaggressiv. Sie haben nur sehr gut und sehr früh gelernt, ihre Aggressionen zu unterdrücken, zu kaschieren oder nach innen zu wenden. Bisweilen explodieren sie doch – oder zumindest in ihren Fantasien. Doch meistens wird die verschobene Wut in den Körper verlagert. Zahnärzte fertigen dann alle paar Jahre eine neue Beißschiene gegen das nächtliche Zähneknirschen. Alle möglichen anderen psychosomatischen Beschwerden und Krankheiten können entstehen.

»Unweibliche« Frauen suchen ein Gegenstück

Wer mit dem eigenen Geschlecht und der eigenen Sexualität auf Kriegsfuß steht, wird sich nicht unbedingt einen Partner suchen, für den Sexualität ein wichtiges Thema ist. Viele Paare, die wie Bruder und Schwester leben und darunter nicht leiden, haben ihr individuelles Thema gelöst, indem sie sich einen Partner gesucht haben, der das gleiche Desinteresse teilt.

Manche Mädchen erfahren früh, dass der Vater sich eigentlich einen Stammhalter gewünscht hatte. Er ermuntert die Siebenjährige zum Bäume klettern und verspottet es, wenn es Angst zeigt oder sich für Mädchenspiele interessiert. Das kann dazu führen – vor allem wenn die Mutter nicht korrigierend eingreift –, dass ein Mädchen, um dem Vater zu gefallen, sich mehr mit dem »Männlichen« identifiziert und das »Weibliche« ablehnt.

Vatertochter findet Muttersohn

Das Gegenstück zum Muttersohn ist die Vatertochter. Schon mit zwölf Jahren verbringt sie gern Stunden mit dem Vater vor dem Kamin bei interessanten Gesprächen über Gott und die Welt – während Mutti in der Küche werkelt. Älter geworden, bewundert sie ihren Vater immer noch glühend – oder ist ihm in herzlicher Abneigung verbunden.

In beiden Fällen ist sie innerlich noch gebunden. Bringt sie nun einen nicht erwachsenen Partner mit nach Hause, kann es sein, dass dieser beim väterlichen Bewerbungstest durchfällt. Dagegen müsste sich der Mann wehren, indem er etwa ausdrückt: »In erster Linie muss Ihre Tochter mich gut finden, nicht Sie.« Oder die Tochter müsste sich neben ihren Partner stellen und dem Vater bedeuten: »Hör auf mit dem Hahnenkampf, Papa. In deinen Augen ist eh kein Mann gut genug für mich!«

Stattdessen streicht sie ihrem Partner nach einem verbalen Hieb des Vaters vielleicht mit der Hand übers Haar und sagt: »Paps hat manchmal einen derben Humor, aber er meint es nicht so.« Natürlich meint es der Vater genauso, aber die heimliche Liaison zwischen Vater und Tochter wird von beiden gepflegt. Keiner, weder die Ehefrau noch der Partner, trauen sich, in den Ring zu steigen. Stattdessen treffen sich Partner und Mutter nach einer Weile im Garten oder in der Küche zu einem angeregten Gespräch über die Zubereitung eines Coq au vin oder darüber, was für ein tolles Allheilmittel Brennesselbrühe im Garten ist.

Wege zur Ablösung – für Männer

Können sich Menschen bzw. Männer überhaupt verändern?

Die Neurobiologie hat bestätigt, was auch die Alltagserfahrung zeigt: Neue Wege im Denken, Fühlen und Handeln können erst beschritten werden, wenn man mit den alten Routinen nicht mehr zurechtkommt. Das ist das Sinnvolle an einer Krise. Die alten Verhaltensweisen und Strategien erweisen sich plötzlich als unwirksam oder stehen einem nicht mehr zur Verfügung. Die Chance besteht darin, nun neue Wege zu suchen und auszuprobieren. Doch natürlich kann man sich einer Krise auch verweigern und an den alten Überzeugungen und Verhaltensweisen stur festhalten.

Lange Zeit war man überzeugt, dass das Gehirn des Menschen ausreift, eine Weile stabil bleibt und dann sukzessive abbaut, weil Gehirnzellen absterben. Erst in den letzten Jahren wurde durch neue bildgebende Verfahren wie die Magnetresonanztomographie (MRT) und andere Untersuchungsmethoden entdeckt, dass das nicht stimmt. Das menschliche Gehirn bildet kontinuierlich neue Zellen und ist zeitlebens plastisch umbaubar. Jeder Mensch kann sich ändern. Zumindest hat er die neurologischen Voraussetzungen dazu. Die Ausrede »Dafür bin ich zu alt!« gilt also nicht mehr. Es ist wie mit einem Muskel: »If you don't use it, you loose it.«

Wir können also zeitlebens lernen, und das ist sogar anzuraten. Denn wenn das Gehirn nur immer wieder zur Bewältigung von

Routineaufgaben benutzt wird, werden seine Verschaltungen immer starrer. Allerdings zeigt die Neurobiologie auch, dass zur Verhaltensänderung eine rein verstandesmäßige Einsicht nicht ausreicht. Zur Veränderung jahrzehntelanger Routinen im Denken, Fühlen oder Handeln bzw. zum Erwerb neuer Fähigkeiten braucht es unbedingt eine starke emotionale Beteiligung. Von Gerald Hüther, einem führenden Neurobiologen, stammt das schöne Beispiel, dass ein 80-Jähriger durchaus noch Chinesisch lernen könne. Allerdings wohl nicht im Volkshochschulkurs. Verliebt sich jedoch der 80-Jährige in eine junge Chinesin und zieht mit ihr in ihr Heimatdorf, wird er sich vermutlich in einem halben Jahr passabel in der Landessprache verständigen können.

Veränderung muss also unter die Haut gehen. Etwas muss uns emotional ansprechen, umso leichter sind wir bereit, zu lernen. Aber das ist nur die eine Seite. Um etwas Gewohntes zu verändern, muss man aus meiner Sicht verstehen, warum man das bisher so macht. Welchen »Nutzen« man davon hat. Diese Frage ganz persönlich und nicht nur rational zu beantworten kann schwierig sein.

Wenn man etwas ändern will, muss man erst einmal entdecken, wo und was zu ändern wäre. Unsere Gewohnheiten sind ja alle bewährte Lebensstrategien – und sehr oft psychische »Über«-Lebensstrategien. Und weil die sich so gut bewährt haben, wird sie kaum jemand ändern. Der Preis, den man für diese Strategien zahlt, ist einem ja auch oft nicht bewusst bzw. tut vorerst nicht weh.

Wenn man lange nicht die Zähne putzt, treibt einen nach einiger Zeit der Schmerz zum Zahnarzt. Rauchen ist mindestens so nachteilig wie mangelnde Mundhygiene, doch wenn einem nach Jahren des Nikotingenusses tatsächlich mal was wehtut, ist es für den Arztbesuch meist auch schon zu spät. Wenn Bewegungsmangel oder zu fettes Essen weh täte, sähe es mit der Volksgesundheit wohl viel besser aus. Stattdessen fühlt sich derlei Verhalten ganz gut an und schmeckt auch noch.

Ähnlich ist es mit den Verhaltensweisen in der Partnerbeziehung. Würden sich Kleidungsstücke, die ein Mann auf den Fußboden fallen lässt, sich innerhalb von 30 Sekunden in grünen Schleim verwandeln, würde wohl auch dieser Mann blitzschnell lernen, seine Sachen aufzuräumen. Die zum zweitausendsiebenhundertsechsunddreißigsten Mal gehörte Ermahnung der Partnerin dagegen erreicht vermutlich noch nicht mal die äußerste Rindenschicht des Gehirns des Mannes. Und wenn sie sich dann nach sechseinhalb Jahren scheiden lässt und diese Angewohnheit als einen der Gründe angibt, ist es für eine Verhaltensänderung des Mannes auch zu spät.

Nein, Männer lassen sich durch Frauen sowieso nicht verändern. Frauen übrigens auch nicht durch Männer, insofern herrscht hier wenigstens Gleichberechtigung. Menschen ändern sich überhaupt nicht durch andere Menschen. Das ganze Konzept, man könne andere Menschen motivieren, kann man seit Reinhard Sprengers Buch »Mythos Motivation« vergessen. Für die Partnerbeziehung heißt das:

☐ Sie können einen anderen Menschen nicht motivieren, etwas zu tun, was er nicht selbst will. Insofern motiviert sich jeder Mensch selbst – oder eben nicht. Sie haben darauf keinen Einfluss.
☐ Sie können einen anderen Menschen bitten, etwas zu tun oder zu unterlassen. Ob er es macht, entscheidet er allein.
☐ Was allerdings funktioniert zwischen Menschen, ist Folgendes: Sie können Menschen bedrohen, bestrafen oder bestechen. Das klappt erstaunlich gut, aber dann benennen Sie es auch so, und umschreiben Sie es nicht mit dem Begriff »motivieren«.

Sie können also sagen: »Solange du nicht endlich den Keller aufgeräumt hast, gehe ich nicht mehr mit dir ins Bett!« Wenn das für Ihren Mann eine Strafe sein sollte, könnte das klappen. Im Sommer kam ein Buch heraus, in dem eine Frau beschrieb, dass sie ihrem Mann zum Geburtstag jeden Tag Sex schenkte.

Das Problem mit Bestechung, Bedrohung oder Bestrafung ist leider: Nach einer Weile müssen Sie die Dosis erhöhen, damit Sie das gewünschte Ergebnis erzielen. Deswegen soll man ja auch Kindern keine Ohrfeigen geben oder gute Noten mit Geld belohnen. Nach einiger Zeit hat sich der andere daran gewöhnt und ist nur durch eine stärkere Dosis zu »motivieren«. Ich frage mich in diesem Zusammenhang, was die Frau mit den 365 Tagen Sex ihrem Mann nächstes Jahr schenken wird? Zweimal am Tag Sex? Und ist das dann noch ein erwünschtes Geschenk für den Mann? Vielleicht aber auch nur noch jeden zweiten Tag.

Wenn andere Sie nicht motivieren können, etwas zu verändern, bleiben nur noch Sie. Dazu ist hinsichtlich »Erwachsensein als Mann« natürlich notwendig, erst einmal zu entdecken, wo es überhaupt etwas zu verändern gäbe. Denn für die eigenen Einstellungen, Verhaltensweisen und Gewohnheiten ist man gewöhnlich ziemlich blind. Der Fisch ist der Letzte, der das Wasser entdeckt, sagte dazu Albert Einstein.

Für das, was uns täglich umgibt, haben wir kein Gespür, da wir keinen Unterschied wahrnehmen. Wer ein Jahrzehnt 20 Kilo Übergewicht mit sich herumschleppt, spürt nicht, was er seinem Körper damit antut. Hat er die 20 Kilo abgenommen und lädt sich dann zum Spaß einen Rucksack mit 20 Kilo Gewicht auf, spürt er den Unterschied.

»Ehen zerbrechen leise« heißt ein Buch von Peter Angst über die schleichenden Veränderungen in einer Beziehung, die manchmal zur Trennung führen und oft den anderen überraschen, weil er die vielen leisen – und lauten – Signale des Partners nicht mehr gehört hat. »Ich dachte, meine Ehe sei gut, bis meine Frau mir sagte, wie sie sich fühlt« nannte Augustus Y. Napier sein Buch, das diesen schleichenden Erosionsprozeß zwischen zwei Menschen, die sich ja meistens einmal geliebt haben, beschreibt.[3]

Will man also seine Beziehung verbessern, hilft ein Blick unter den Teppich, unter den gerne bestimmte Dinge gekehrt werden. Der folgende Test für Männer – ein Test für Frauen folgt weiter hinten im Buch – soll ihren Blick dafür schärfen, wie erwachsen oder abgelöst Sie sind.

Ein Test für Männer: »Wie erwachsen bin ich?«

Bitte notieren Sie die jeweilige Punktzahl auf einem separaten Blatt oder umkreisen Sie entsprechende Punktzahl im Buch.

☐ **Wie oft haben Sie Kontakt zu Ihrer Mutter (persönlich, telefonisch, brieflich)?**
Täglich	5 Punkte
Wenn es sich ergibt	1 Punkt
Jede Woche	3 Punkte

☐ **Haben Sie noch einen Schlüssel zur Wohnung Ihrer Mutter/Eltern?**
Nein	1 Punkt
Ja	5 Punkte
Ja, aber ich habe auch einen guten Grund	2 Punkte

☐ **Wenn Sie mit Ihrer Mutter und Ihrer Partnerin in *Ihrem* Auto fahren – wo sitzt dann Ihre Mutter?**
Am Steuer	5 Punkte
Auf dem Beifahrersitz	4 Punkte
Auf dem Rücksitz	1 Punkt

☐ **Kommt Ihre Mutter ab und zu zum Putzen/Aufräumen in Ihre Wohnung?**
Ja, einmal zum Frühjahrsputz	4 Punkte
Ja, mehrmals im Jahr	5 Punkte
Nein	1 Punkt
Ja, einmal zum Frühjahrsputz, unangemeldet, als Überraschung	7 Punkte
Ja, mehrmals im Jahr, unangemeldet, wenn es ihr passt	8 Punkte

☐ **Was verändert sich, wenn Sie Ihre Mutter besuchen und etwa eine halbe Stunde dort sind?**
Ich fühle mich jünger	5 Punkte
Ich fühle mich älter	3 Punkte
Meine Besuche dauern nie eine halbe Stunde	7 Punkte
Gar nichts	1 Punkt

☐ **Fühlen Sie sich erleichtert bzw. befreit, wenn Ihre Eltern in Urlaub sind oder ein Besuch bei ihnen vorbei ist?**
Nein	1 Punkt
Ein bisschen	3 Punkte
Ja, deutlich	5 Punkte

☐ **Was passiert zwischen Ihnen und Ihrer Partnerin nach einem Besuch bei oder von Ihren Eltern?**
Nichts Besonderes	1 Punkt
Wir kriegen meistens Streit	5 Punkte
Wir sind irgendwie distanzierter	3 Punkte

☐ **Was machen Sie, wenn Ihre Mutter Ihre Partnerin in Ihrem Beisein kritisiert?**

Ich gebe ihr Recht	5 Punkte
Ich verlasse den Raum	5 Punkte
Ich greife meine Mutter an	3 Punkte
Ich stehe meiner Frau bei	1 Punkt

☐ **Was würden Sie tun, wenn Ihnen bei einem Besuch bei Ihrer Mutter sie Ihnen 500 Euro zustecken würde mit der Bemerkung: »Das ist nur für dich – aber sag deiner Frau nichts davon!«**

Ich nehme das Geld und spreche später mit meiner Frau darüber	3 Punkte
Ich stecke das Geld ein und tue so, wie mir geheißen	5 Punkte
Ich frage meine Mutter, was sie damit bezweckt	1 Punkt

☐ **Durften Sie als Junge (im Alter über sieben Jahre) im Bett neben Ihrer Mutter schlafen?**

Ja, wenn Vater nicht da war	5 Punkte
Ja, wenn ich krank war	3 Punkte
Nein	1 Punkt

☐ **Können Sie eine Waschmaschine bedienen?**

Nein, wozu?	5 Punkte
Nein, aber ich könnte es vielleicht lernen	3 Punkte
Ja	1 Punkt

☐ **Können Sie ein weiches Ei der Größe L kochen?**
Wenn man mir die Küche zeigt	5 Punkte
Eier haben zu viel Cholesterin	5 Punkte
Gibt es bei Eiern auch verschiedene Größen?	3 Punkte
Nein, sowas macht meine Partnerin	3 Punkte
Ja	1 Punkt

☐ **Haben Sie als Jugendlicher Ihrer Mutter einmal Unterwäsche geschenkt?**
Ja	10 Punkte
Nein, aber ich hatte mal die Idee	5 Punkte
Nein	1 Punkt

☐ **Haben Sie einen guten Freund?**
Ja, mehrere	1 Punkt
Nein	5 Punkte
Ja, einen	3 Punkte

☐ **Wie spricht (oder sprach) Ihre Mutter früher über Ihren Vater?**
Überwiegend negativ	5 Punkte
Nur in den höchsten Tönen	4 Punkte
Überwiegend positiv	1 Punkt

☐ **Gab es – als Sie Kind waren – zwischen Ihren Eltern Zärtlichkeiten und/oder Körperkontakt?**
Nicht dass ich wüsste	5 Punkte
Sehr selten	3 Punkte
Ja	1 Punkt

☐ **Wie verhält sich Ihre Mutter gegenüber Ihrer Partnerin/Ehefrau?**

Kühl, sachlich	5 Punkte
Sie ignoriert sie weitgehend	5 Punkte
Neutral, freundlich wie gegenüber einer Verkäuferin	3 Punkte
Übertrieben höflich/gönnerhaft	3 Punkte
Herzlich, zugewandt	1 Punkt

☐ **Wann sind Sie von zu Hause ausgezogen?**

Noch gar nicht	8 Punkte
Mit 15 Jahren	5 Punkte
Zu meiner Hochzeit	4 Punkte
Mit spätestens 26 Jahren	2 Punkte
Zwischen 20 und 24 Jahren	1 Punkt
Nach einiger Zeit wieder eingezogen	8 Punkte

☐ **Wie weit entfernt leben Sie heute von der Wohnung Ihrer Mutter/Eltern?**

Weniger als 5 Kilometer	5 Punkte
Weniger als 20 Kilometer	3 Punkte
Mehr als 100 Kilometer	3 Punkte
Mehr als 1000 Kilometer	5 Punkte
Mehr als 5000 Kilometer	5 Punkte

☐ **Wie reagieren Sie, wenn Ihnen Ihre Partnerin wiederholt vorhält, Sie sollen Ihre dreckigen Sachen nicht überall herumliegen lassen?**

Ich ignoriere dieses Gezicke	10 Punkte
Ich halte ihr vor, was sie alles falsch macht	8 Punkte
Ich kriege ein schlechtes Gewissen, vergesse es aber dann doch aufzuräumen	5 Punkte
Ich gebe ihr Recht, mache aber weiter so	5 Punkte
Ich entschuldige mich und räume sie auf	3 Punkte
Ich lasse meine Sachen nicht liegen	1 Punkt

☐ **In der Gesellschaft von Männern fühlen Sie sich**

Meistens wohl	1 Punkt
Schnell gelangweilt	3 Punkte
Seltsam deplaziert	5 Punkte

☐ **Diesen Fragebogen finden Sie**

Höchst unangenehm	5 Punkte
Irgendwie ganz interessant	3 Punkte
Ziemlich aufschlussreich	3 Punkte

☐ **Sind Sie Ihrer Mutter dankbar?**

Nein, wofür?	10 Punkte
Ja, jeden Tag	5 Punkte
Ja	1 Punkt

☐ **Leben Sie in einer festen Beziehung (länger als drei Jahre)?**

Ja, seit über fünf Jahren	1 Punkt
Nein	5 Punkte
Ja	3 Punkte

☐ **Wenn Sie in einer festen Beziehung länger als drei Jahre leben, wollen Sie Ihre Partnerin heiraten?**

Ich halte die Ehe für überholt.	5 Punkte
Zum Glück braucht es keinen Trauschein	5 Punkte
Nein, ich warte noch auf Besseres	5 Punkte
Ja, aber meine Partnerin will nicht	3 Punkte
Ja, wenn sie es unbedingt will	3 Punkte
Ja	1 Punkt

☐ **Wenn Sie in keiner festen Beziehung leben, was sind Ihre Begründungen?**

Die Liebe kann man nicht erzwingen	5 Punkte
Ich habe die Richtige noch nicht gefunden, suche aber noch	5 Punkte
Ich habe an jeder etwas auszusetzen	5 Punkte
Ich lebe lieber alleine	5 Punkte
Mutter würde es das Herz brechen	10 Punkte

☐ **Wenn Sie in einer festen Beziehung länger als fünf Jahre leben, warum sind Sie nicht verheiratet?**

Der Trauschein ist mir nicht wichtig	5 Punkte
Wir hatten noch keine Zeit dazu	5 Punkte
Ich warte noch auf etwas Besseres	5 Punkte
Meine Mutter wäre noch einsamer	5 Punkte
Gute Frage, muss ich nachdenken	3 Punkte

☐ **Haben Sie regelmäßig Sex mit Ihrer Partnerin?**

Nein, schon lange nicht mehr	5 Punkte
Nein, ich finde, Sex wird völlig überbewertet	5 Punkte
Nein, meine Partnerin will nicht	3 Punkte
Nein, ich will aber »er« will nicht	4 Punkte
Ja, aber ihr macht es keinen Spaß	3 Punkte
Ja, aber mir macht es keinen Spaß	3 Punkte
Ja	1 Punkt

Auswertung

Statistik war im Psychologiestudium mein schlechtestes Fach, deshalb hält auch dieser Test wissenschaftlichen Statistikkriterien nicht stand. Aber er kann trotzdem nützlich für Sie sein. Denn die Fragen sollen Sie vor allem darauf aufmerksam machen, wie sich mangelnde Ablösung im Zusammenleben zeigen kann.

Interessehalber können Sie die Testfragen auch Ihrer Partnerin vorlesen und sie antworten lassen: Einmal, wie sie auf die Frage antwortet, und eine zweites Mal, was sie glaubt, wie Sie geantwortet haben.

Warnung: Machen Sie dieses Experiment nicht nach 22 Uhr. Sie könnten anfangen zu streiten. Und Streits nach 22 Uhr sind nutzlos, ermüdend und deswegen unbedingt zu vermeiden.

Für Menschen, die aber doch lieber ein richtiges Ergebnis des Tests haben möchten, hier eine ungefähre Auswertung:

Eine niedrige Punktzahl zeigt an, dass sie wahrscheinlich gut abgelöst sind, falls Sie ehrlich geantwortet haben. Vermutlich leben Sie in einer partnerschaftlichen Beziehung und kriegen die Balance mit ihren Eltern und den Schwiegereltern ganz gut hin.

Meinen Glückwunsch dazu! Das erreichen nicht viele Menschen.

Eine mittlere Punktzahl zeigt an, dass es Ihnen bis jetzt in bestimmten Bereichen schwergefallen ist, sich von einem Elternteil gut und ganz abzulösen. Sie versuchen wahrscheinlich, möglichst keinen Konflikt mit jemandem einzugehen, und mit viel Reden, dem Zurücknehmen Ihrer eigenen Wünsche und viel Verständnis für andere gelingt Ihnen das wohl auch ganz gut.

Meinen Glückwunsch! Sie sind ein guter Mensch. Aber warum schauen Sie dann heimlich im Fernsehen »Goodbye Deutschland! Die Auswanderer«?

Eine hohe Punktzahl zeigt zweierlei an: Die gute Nachricht ist, dass Sie die Liebe Ihres Lebens gefunden haben und sich bis jetzt nicht von ihr trennen wollten. Die schlechte Nachricht ist: Die Liebe Ihres Lebens hatte oder hat noch einen Mann. Nämlich Ihren Vater, und dessen Platz werden Sie nie einnehmen können. Die wiederum gute Nachricht ist: Das müssen Sie auch nicht, denn Sie sind älter geworden. Mithilfe dieses Buches gelingt es Ihnen vielleicht auch, noch ein Stück erwachsener zu werden.

Was heute Erwachsensein als Mann bedeutet

»Wann ist ein Mann ein Mann?« fragte singend schon Herbert Grönemeyer. Noch vor 100 oder vor 50 Jahren hätte diese Frage nur ein verständnisloses Kopfschütteln bei den meisten Menschen hervorgerufen. Jeder wusste bzw. hatte eine feste Vorstellung davon, was und wie ein erwachsener Mann war. Diese klaren Überzeugungen entstanden vor allem durch die unhinterfragte Vorherrschaft des patriarchalischen Weltbilds.

Dieses war dadurch gekennzeichnet, dass die Stammbaumlinie durch den Mann bestimmt wurde. Auch die Erbfolge und dass die Frau bei der Heirat selbstverständlich den Namen des Mannes annahm, erklärt sich daraus. Wo das junge Paar wohnte, wurde auch durch den Beruf oder den Wohnort des Mannes bestimmt. Im überweltlichen Bereich war es das männliche Gottesbild in Form eines allmächtigen Gottvaters, das klarmachte, dass Mann und Frau nirgends gleich sind.

In esoterischen Seminaren passiert es manchmal, dass ein Teilnehmer die Frage stellt: »Und was ist mit Gott?« Von einem Seminarleiter hörte ich dazu mal die überraschende Antwort: »Gott ist eine türkische Putzfrau und es geht ihr gut.«

Auch die Kontrolle über die weibliche Sexualität zur Sicherstellung der gesellschaftlich bedeutsamen Abstammung des Kindes von einem Mann gehört zum patriarchalischen Denken. Verstöße gegen die Eingrenzung der weiblichen Sexualität in Form des »Ehebruchs« wurden mit rechtlichen Konsequenzen und gesellschaftlicher Ächtung bestraft. Durch die Frauenbewegung wurden diese festgefügten Strukturen, die es – wertfrei betrachtet – beiden Geschlechtern ja auch ermöglichte, eine stabile Identität zu bilden, massiv erschüttert.

Da derlei äußere Kriterien heute fehlen oder widersprüchlich sind, will ich die in meiner eigenen eingangs vorgestellten Definition (siehe Seite 13) enthaltenen Kriterien ausführen. Also, einen erwachsenen Mann erkennt man meiner Meinung nach an diesen vier Kriterien:

Seinen Frieden mit dem Vater machen

Herr F. hat alle Ziele erreicht, die er sich als junger Mann vorgenommen hat. Als Immobilienmakler hat er sein eigenes Geschäft und genügend Geld. Mit seiner hübschen Frau und den drei Kindern wohnt er in einer alten Gründerzeitvilla. Er kommt wegen unerklärlicher Herzbeschwerden zu mir, nachdem ihm der Kardiologe bescheinigt hat, dass organisch alles gesund sei und er mal einen Psychologen aufsuchen soll.

Im Erstgespräch frage ich, ob seine Eltern noch leben, worauf er antwortet, das wisse er nicht genau, denn zu ihnen habe er seit seinem 21. Lebensjahr keinen Kontakt mehr. Es interessiere ihn auch nicht, da speziell sein Vater ihm immer nur Steine in den Weg gelegt habe und er seinen Erfolg allein sich selbst zu verdanken habe.

Ich bin der Meinung, dass zum Erwachsensein gehört, seinen Frieden mit den Eltern zu machen, bei Männern vor allem mit dem Vater.

Männer, die in meine Persönlichkeitsseminare oder zu einem Coaching kommen, haben ganz normale Probleme, für die sie eine Lösung suchen:

- ☐ Einer hat immer wieder Schwierigkeiten, sich gegenüber seinem Vorgesetzten angemessen durchzusetzen.
- ☐ Ein anderer hat beruflich alles erreicht, was er sich vorgenommen hat, kann sich jedoch immer weniger motivieren.
- ☐ Jemand kommt mit seinen Aufgaben nicht klar, weil er zu wenig delegiert.
- ☐ Wieder ein anderer bekommt einen lukrativen Auslandsjob angeboten und kann sich seit Wochen nicht entscheiden.
- ☐ Jemand ist ein souveräner Projektleiter – bis man ihn auffordert, einen kleinen Vortrag vor Pressevertretern zu halten.

Meist haben die Teilnehmer, die zu mir kommen, bereits ein speziell auf ihr Problem ausgerichtetes Seminar besucht: Kommunikation, Konflikt, Rhetorik, Zeitmanagement. Geholfen hat es wenig.

In meinen Seminaren sparen wir uns deshalb alle entsprechenden Methoden und Tipps und suchen die Ursache in persönlichen, unbewältigten Konflikten in der Biografie des Teilnehmers. Dabei stoßen wir meist auf ein Problem mit der Konfliktfähigkeit, dem Selbstbewusstsein oder dem Vertrauen in die eigene Entscheidungsfähigkeit. Gehen wir noch tiefer, stelle ich meist die Frage nach der Beziehung zum Vater. Und bin immer wieder überrascht über die Antworten. Viele Männer berichten, dass sie schon seit Jahren überhaupt keinen Kontakt haben oder den Kontakt mit ihrem Vater meiden, weil es schnell zu vorhersagbaren Reaktionen und Streit kommt.

In meiner über 25-jährigen Arbeit mit Menschen habe ich oft gesehen, wie sich eine solche Vaterwunde im Leben eines Mannes beruflich und privat auswirken kann. Häufige Folgen sind:

- ☐ Ein Mann definiert sich vor allem über Macht, Kontrolle und die Unterdrückung anderer.

- [ ] Ein Mann legt sich laufend mit Autoritäten an, sei es nun der eigene Chef, ein Streifenpolizist oder der Vermieter.
- [ ] Ein Mann wird zum erfolgreichen Frauenhelden, wobei das Erobern im Vordergrund steht.
- [ ] Ein Mann hat eine langjährige Partnerin und scheut sich – mit wenig überzeugenden Argumenten –, sie zu heiraten.
- [ ] Ein Mann wird sehr erfolgreich und spürt trotz allem immer wieder eine quälende Leere in sich.

Als Vaterwunde bezeichne ich die ungeheuer schmerzliche Erfahrung für einen Jungen, dass der Vater ihn nicht beachtet, nicht respektiert, dauernd kritisiert oder abwertet oder schlicht sich physisch bzw. emotional entzieht.

In meinen Seminaren ermutige ich Männer, wenn es angezeigt ist, den Kontakt zum eigenen Vater wieder aufzunehmen. Die Widerstände, die ich dabei erlebe, sind enorm. Diese heftige Abwehr verstehe ich als Zeichen, wie schmerzhaft der Verlust und die mögliche Annäherung empfunden werden. Doch ich bin überzeugt, dass jeder Mann seinen Frieden mit seinem Vater machen muss – um selbst ein Mann zu werden.

Die meisten Männer, mit denen ich an der Aussöhnung mit dem eigenen Vater gearbeitet habe, entwickeln enorme Widerstände, sich diesem Thema überhaupt zu nähern. Ich will hier die wichtigsten Widerstände nennen und mögliche Wege, darüber hinauszugehen.

- [ ] *»Das ist doch alles viel zu lange her. Mein Vater ist heute ein alter Mann (oder verstorben). Wie soll das heute noch einen Einfluss auf mein Leben haben?«*

Konflikte, die wir nicht lösen, verschwinden nicht durch die Zeit. Sie wirken in unserem Unbewussten fort und drängen nach außen – meist, indem wir uns andere Mitspieler (quasi Stellvertreter) dafür suchen und auch immer finden.

Wie lebendig diese alten Erfahrungen in uns noch sind, wird spürbar, wenn ich zuweilen in der Coaching-Arbeit den Mann bitte, seinen Vater in der Fantasie auf einen Stuhl vor sich zu setzen. Allein die dann zumeist auftretenden Körperreaktionen und Gefühle zeigen, wie lebendig das Vaterbild noch in dem betreffenden Mann wirkt.

☐ *»Mein Vater hat so schlimme Sachen gemacht (war ein Nazi oder Alkoholiker, Spieler, notorischer Fremdgänger, hat uns verprügelt, im Stich gelassen etc.), das kann und werde ich ihm nie verzeihen.«*
Es ist wichtig, den erlittenen Schmerz und die damit verbundenen Gefühle wie Wut, Scham und Trauer zu empfinden und nicht zu verdrängen. Das ist schon der erste Schritt der Bewältigung. Gleichzeitig kann ich den Impuls der Rache, des Heimzahlenwollens oder der Verachtung gut nachvollziehen.

Doch halte ich es für fatal, wenn man in den Rachegefühlen steckenbleibt. Denn die Rache bindet uns an den Täter und macht uns so zum Opfer. Doch selten haben Väter die Einsicht oder die Reife, ihre »Fehler« einzusehen oder sich gar dafür zu entschuldigen. Sie fühlen sich zumeist sofort angegriffen und man bekommt Verleugnungen zu hören (»Das bildest du dir alles ein«) oder Rationalisierungen (»Das war damals eine schwere Zeit«) oder verkappte Schuldgefühle (»Ich hätte dich mal sehen wollen, wie du das anders bewältigt hättest).

☐ *»Ich musste von klein auf ohne einen Vater auskommen. Das hat mich früh stark und unabhängig gemacht.«*
Viele Männer machen aus der Not des Vaterverlusts eine Tugend und werden tatsächlich stark und erfolgreich. Doch wie jede kompensatorische Leistung hat auch diese ihren Preis.

Ich denke, es gibt Dinge, die nur ein Vater seinem Sohn weitergeben kann. Das ist vor allem die Anerkennung eines Mannes. Unterlässt ein Vater dies, wird ein Sohn oft ein ganzes Leben unter dem Druck leben, etwas beweisen zu müssen. Und er wird diese Anerkennung möglicherweise in der Macht über andere, im Kampf mit Autoritäten, im schnellen Sportwagen, dem Aufhäufen von Geld oder in den Armen einer bewundernd aufschauenden Geliebten suchen.

Doch ist diese Anerkennung nur Ersatz. Unbewusst suchen viele Männer nach etwas oder jemandem, das oder der ausdrückt, was sie nie vom eigenen Vater hörten: »Du bist mein Junge. Und ich bin sehr stolz auf dich!«

☐ »*Warum ist es wichtig, sich mit dem Vater auszusöhnen?*«
Wenn man etwas stark ablehnt, wird man nicht frei, sondern bleibt an dieses Etwas gebunden. Wer beispielsweise prüde ist, sieht am Zeitungsstand nur nackte Frauen – und übersieht unbewusst alle Tageszeitungen sowie Zeitschriften für Hunde-, Garten- und Autoliebhaber.

Wer seinen Vater ablehnt oder jahrelang hasst, bleibt innerlich an ihn gebunden. Wenn man aber wirklich erwachsen werden will – und nicht nur älter –, dann ist es wichtig, sich innerlich abzulösen. Das gestaltet sich dann schwierig, wenn der Vater »zu gut« ist und für alles Verständnis hat. Dann muss man schon extreme Ausbruchsversuche machen, bis man merkt, dass die Verständnisgrenze des Vaters erreicht und man selbst erst mal frei ist.

☐ »*Wie kann man seinen Frieden mit dem eigenen Vater schaffen?*«
Versuchen Sie, gaaanz langsam Verständnis und Mitgefühl für Ihren Vater zu entwickeln. Väter, genauso wie andere Menschen auch, tun immer »das Beste« – im Rahmen ihrer Möglichkeiten. Ein prügelnder oder saufender Vater kommt einem als Kind übermächtig und herzlos vor. Von heute aus betrachtet, kann man zu der Einsicht gelangen, dass er in bestimmten Situationen einfach völlig hilflos war – und nicht die Reife hatte, dies zu bemerken und es sich einzugestehen. Und deswegen prügelte oder trank er weiter, trieb die Familie in den Ruin etc.

All das ist schlimm für Kinder. Doch auch Väter sind ganz normale Menschen und nicht die verehrten Lichtgestalten und Alleskönner, die sie für uns als Kinder einmal waren oder sein sollten. Sich das einzugestehen und trotzdem in innerem Kontakt mit dem Vater zu bleiben schafft jene notwendige Distanz, die es braucht, damit man selbst ein Mann wird und nicht der Pubertierende bleibt, der die Frauen schützt, rächt oder verachtet.

1. Auch Ihr Vater war mal ein Junge und wurde durch die Erfahrungen mit seinem Vater stark geprägt.
Und in der Regel waren die Väter unserer Väter an Kindererziehung noch uninteressierter. Aber meist kann man nur das authentisch weitergeben, was man selbst erlebt und erfahren hat.

Viele unserer Väter (ich bin Jahrgang 1948) sind durch den Krieg traumatisiert heimgekehrt und waren sich dessen nicht einmal bewusst. Für die Soldaten im Irak gibt es Traumabehandlungen. Die Väter unserer Nachkriegszeit kamen nach Hause und mussten ein verwüstetes Land aufbauen – und waren oft selbst innerlich verwüstet.

2. Ihr Vater verdient Ihren Respekt, egal wie er war, und egal was er gemacht hat.
Wenn ich diesen Gedanken in einem Seminar andeute, muss ich mir immer heftige Abwehr anhören. Aber es geht mir ja nicht darum, etwas zu verharmlosen, was ein Vater gemacht hat. Es geht mir immer um den Mann, der vor mir sitzt – und dem etwas Wichtiges fehlt: die Auseinandersetzung mit dem Vater. Also bloß kein voreiliges Verzeihen, damit wieder Frieden ist, sondern eine klare, ungeschminkte Auseinandersetzung unter Männern. Und dann – irgendwann – kommt hoffentlich Ihr Respekt für Ihren Vater. Respekt wofür?
Ganz einfach: Ohne ihn wären Sie nicht hier.
Punkt.

Ich weiß, dass dies ein schwieriges Thema ist. Doch wenn ich mir so ansehe, was Männer in der großen Welt der Politik machen, und wenn ich mitbekomme, was Männer in den vielen kleinen Welten machen, wundere ich mich schon manchmal. Und wünsche uns Männern dann oft mehr echtes Selbstbewusstsein oder natürliche Autorität anstatt Status-Gegockele und krakehlendes Machtgeprotze. Denn spätestens in der Krise so ab vierzig erwischt es jeden Mann. Plötzlich spürt er, dass etliches nicht stimmt, weil er falschen Zielen nachgeeifert ist, und dass ein ausgefüllter Terminkalender nicht auch ein ausgefülltes Leben bedeutet.

In der Mitte des Lebens kommt es darauf an, welchen Weg wir gehen: hin zu einem »alten Narren« der glaubt, es sei noch mal alles möglich, und sich ein Motorrad kauft, um neue Horizonte zu erforschen. Oder hin zu einem »weisen Mann«, der loslassen kann, weil er Mitgefühl, Geduld und das Geltenlassen von Unterschieden gelernt hat.

Dies mit dem eigenen Vater zu wagen halte ich für einen guten Beginn.

Eine gleichberechtigte Beziehung führen

Man kann im Grunde zwei Beziehungsarten unterscheiden: asymmetrische und symmetrische Beziehungen. Die *asymmetrische Beziehung* ist dadurch gekennzeichnet, dass es ein Machtgefälle zwischen den beiden Parteien gibt. Einer ist stärker, ordnet an, befiehlt oder zwingt den anderen, seinem Willen zu gehorchen. Der andere passt sich an, gehorcht oder unterwirft sich.

Bei der *symmetrischen Beziehung* wird die Macht geteilt oder verhandelt. Keiner kann oder will den anderen zwingen. Beide können – abwechselnd – den anderen führen, doch ergibt sich dies nicht aus dem Hierarchiegefälle, sondern es geschieht aus praktischen Überlegungen, zum Beispiel, weil sich einer auf dem betreffenden Gebiet besser auskennt. Beide Beziehungen haben ihre Vor- und Nachteile sowie ihre Berechtigung.

Asymmetrische Beziehungen
Wo Anordnungen schnell ausgeführt werden müssen und Diskussionen über Für und Wider sich nachteilig auswirken könnten, sind asymmetrische Beziehungen sinnvoll. Will ein General mit seinen Soldaten in die Schlacht ziehen, kann er nicht erst eine basisdemokratische Grundsatzdiskussion führen, bis alle von der Richtigkeit der Entscheidung überzeugt sind. Auf die Frage »Warum sollen wir das machen?« lautet die Antwort klassischerweise »Weil ich es sage«. Das gleiche gilt für Strategieentscheidungen des Vorstands in einem Unternehmen.

War die Entscheidung richtig und die Sache geht gut aus, wird der Befehlshaber gefeiert und die Soldaten oder Mitarbeiter dürfen sich mit ihm identifizieren und mitfeiern: »Wir haben gewonnen!« War die Entscheidung des Anführers jedoch falsch, bezahlen die Soldaten dies meist mit ihrem Leben und die Mitarbeiter einer Firma mit dem Verlust ihres Arbeitsplatzes. Der Anführer wird in den Ruhestand versetzt oder bekommt eine Abfindung.

Man sieht, asymmetrische Beziehungen sind manchmal ungerecht, aber weit verbreitet. Sie haben für den Befehlsempfänger den Vorteil, dass er nicht nachdenken muss, er sich das Finden eines eigenen Standpunkts sparen kann und einfach gehorchen darf. Der Befehlende in einer asymmetrischen Beziehung hat den Vorteil, dass er für seine An- und Absichten kaum stichhaltige Argumente braucht: »Verkünden statt begründen« ist sein Motto. Um einer lästigen Auseinandersetzung mit Gegenargumenten aus dem Weg zu gehen, werden deshalb die eigenen Ideen, auch wenn sie vielleicht völlig verschroben sind, mit höheren Werten begründet.

Seit Jahrhunderten bedienen sich Päpste, Diktatoren, gewählte Präsidenten und Volksvertreter ebenso wie Normalsterbliche dieser höheren Werte, um ihre Ziele durchzudrücken. Immer wenn Sie also Formulierungen hören wie »die Natur des Menschen«, »in Wahrheit ist es doch so«, »der Markt/der Gegner/die Umstände zwingen uns«, »die Geschichte lehrt uns«, können Sie vermuten, dass jemand vermeidet zu sagen: »Ich hab da so ne Idee, die ich richtig klasse finde« oder »Ich würde gern mal Folgendes probieren ...« und dafür begeisterte Anhänger sucht.

Symmetrische Beziehungen

In einem Cartoon von Peter Gaymann will eine Ehefrau ein Gespräch mit ihrem Mann über die einseitige Programmauswahl beim gemeinsamen Fernsehen beginnen und fragt: »Warum hast du eigentlich immer die Fernbedienung?« Darauf antwortet der Mann: »Das hat die Natur so eingerichtet!«

Mit so einer Antwort kommt man im richtigen Leben nicht weit. Denn seit Alice Schwarzer vor 30 Jahren die Frauen nachdrücklich daran erinnerte, dass sie tatsächlich gleichberechtigt sind – davor stand das nur im Grundgesetz –, hat im Beziehungsleben eine Umwälzung stattgefunden, die beiden Geschlechtern ein neues Denken und Handeln abverlangt.

In symmetrischen Beziehungen gibt es nämlich keinen Anführer, der von vornherein definiert wäre und dies durch seine Abstammung, sein Geschlecht oder seine Rolle legitimieren kann. In symmetrischen Arbeitsteams wird ohne Rücksicht auf den Dienstgrad leidenschaftlich diskutiert, bis sich die beste Idee herauskristallisiert. In symmetrischen Partnerbeziehungen wird über die Anschaffung einer neuen Wohnzimmercouch so lange gesprochen, bis beide eine einvernehmliche Entscheidung gefunden haben, mit der beide gut leben können.

Die Vorteile von symmetrischen Beziehungen sind die Menge von kreativen Ideen, die so gefunden werden, und die Auseinandersetzung mit den jeweiligen Gegenargumenten. Dabei wird natürlich auch deutlich, dass alle Wünsche und Begründungen völlig subjektiv sind und es keine objektiven Argumente gibt. In symmetrischen Beziehungen gibt es auch keine »Richtlinienkompetenz«, mit der in Koalitionen beispielsweise die Kanzlerin eine Auseinandersetzung zwischen Ministern (symmetrische Beziehung) mit ihrem Machtwort beendet. Es gibt auch kein einseitiges Vetorecht, sondern nur ein beiderseitiges.

Der größte Nachteil von symmetrischen Beziehungen liegt auf der Hand: um zu einer Entscheidung zu kommen, braucht man mitunter viel Zeit. Da prinzipiell nichts vorgegeben oder bestimmt ist – von der Natur, den Umständen etc. –, ist demnach auch alles verhandelbar: was Ordnung ist und wo das Chaos beginnt. Was eine sinnvolle Geldausgabe und was überflüssiger Luxus ist. Wann Kinder abends ins Bett gehen sollten und ob Nutella schädlich ist.

Der größte Vorteil von symmetrischen Beziehungen ist, dass sie Raum zur Entfaltung bieten. Raum, der nur von den eigenen Wünschen, Abneigungen und Empfindungen oder denen des Partners begrenzt werden kann.

Bevorzugte Beziehungsarten nicht erwachsener Männer

Ein Paar kommt in die Beratung, weil es sich immer wieder um »Kleinigkeiten« lange streitet. So geht der Entscheidung für ein gemeinsames Urlaubsziel immer eine monatelange(!) erbitterte Debatte über verschiedene Optionen voraus. Irgendwann gibt der Mann nach mit den Worten: »Also gut, wir fahren an die Ardèche.«

Sowie jedoch das Wetter dort mal schlecht ist oder die Lebensmittelpreise im Supermarkt das Budget strapazieren, kommentiert er das mit den Worten: »Aber du wolltest ja unbedingt hierher.«

Nicht erwachsenen Männern fällt es schwer, symmetrische Beziehungen zu führen. In ihrem Leben haben sie meist nur asymmetrische Beziehungen erlebt und diese Beziehungsform verinnerlicht. Zwar wissen sie meist theoretisch, dass es auch symmetrische Beziehungen gibt und welche Vorteile sie bieten. Vielleicht sind sie auch in der Lage, im Beruf ein Team gleichberechtigt zu führen oder sich in einer Abteilung als gleichwertiges Mitglied zu fühlen. Doch in der Partnerschaft klappt es oft nicht.

Nicht erwachsene Männer tendieren dann in ihrem Verhalten entweder zur Dominanz oder zur Unterwerfung. Wenn ich manchmal im Café Paare beobachte und – je nach Entfernung – zuhöre, ist es für mich immer wieder erstaunlich, welche Unterschiede es in der Paarkommunikation gibt.

Dominierende Männer dozieren und belehren, anstatt sich mitzuteilen. Sie machen spöttische, abwertende Kommentare, wenn die Partnerin etwas sagt. Sie bekommen einen ärgerlichen, bedrohlichen Tonfall, wenn ihnen etwas nicht passt. Sie reagieren gekränkt und gehen zum Gegenangriff über, wenn sie sich kritisiert fühlen. Sie stellen fast keine Fragen. Sie diagnostizieren und deuten das Verhalten der Partnerin. Sie machen aus jeder Meinungsverschiedenheit einen Konflikt, können Konflikte aber kaum konstruktiv lösen. Sie interpretieren Wünsche des anderen als Bedrohung und bekämpfen diese. Eigene Wünsche werden als berechtigte Forderungen oder als »gutes Recht« empfunden.

Unterwerfende Männer schweigen, anstatt sich mitzuteilen. Sie schauen an die Decke oder aus dem Fenster anstatt in Richtung ihres Gegenübers. Sie zucken mit den Achseln und sagen: »Weiß ich nicht«, wenn ihre Partnerin fragt, was sie am Wochenende unternehmen wollen. Sie rollen mit den Augen oder seufzen resigniert, anstatt ihre Meinung verbal mitzuteilen. Sie äußern eigene Wünsche in Frageform: »Hättest du Lust, heute Abend essen zu gehen?« Sie vermeiden, Wünsche zu äußern, und hoffen stattdessen, dass der andere sie errät. Sie machen vieles dem Partner Recht in der Hoffnung, dadurch ein »Guthabenkonto« aufzufüllen und damit ein »Recht« auf eigene Wünsche verrechnen zu können. Sie interpretieren Wünsche des anderen als Forderungen, denen man sich unterwerfen muss. Eigene Wünsche werden als Quelle von Konflikten erlebt und deswegen vermieden oder heimlich erfüllt. Sie idealisieren ihre Partnerin oder tragen sie mitunter auf Händen, um ihr dadurch nicht zu nah zu sein oder sich mit ihr auseinandersetzen zu müssen.

Als Partnerin fühlen Sie sich nach einer Weile in beiden Fällen immer wieder schrecklich. Mit einem dominierenden Mann werden sie laufend in Kämpfe verwickelt und ermüden irgendwann. Sie fühlen sich oft schuldig und rechtfertigen sich für die selbstverständlichsten Handlungen. Wenn Sie sich nicht ihrerseits unterwerfen, werden Sie zu einer Kampfhenne und hassen sich dafür.

Mit einem unterwerfenden Mann können Sie zwar viel bestimmen und durchsetzen, aber es bleibt ein schaler Geschmack. Da Ihr Partner Ihnen die gleiche Augenhöhe verweigert, haben Sie zuweilen das Gefühl, mehr mit einem rebellischen Halbwüchsigen oder einem verzogenen Kleinkind zusammenzuleben als mit einem erwachsenen Mann. Zudem fragen Sie sich, ob Sie wirklich so böse und übermächtig sind, wenn Ihr Partner Ihnen zuweilen vermittelt, wie klein und machtlos er sich oft mit Ihnen fühlt. Dadurch kommt wieder Ärger in Ihnen auf, aber Sie wissen nicht, wohin damit, weil man jemanden, der schon am Boden liegt, schlecht treten kann.

In beiden Fällen fühlen Sie sich wahrscheinlich ziemlich allein, weil Sie zwar mit jemandem zusammenleben, aber niemand an Ihrer Seite ist.

Die gute Nachricht ist: Sie haben viele Leidensschwestern – und Sie lesen dieses Buch.

Sich für eine einzige Frau entscheiden

Zum Erwachsensein gehört die Fähigkeit, Entscheidungen zu treffen. Manche Menschen haben damit Schwierigkeiten, weil eine Entscheidung auch immer einen Verzicht beinhaltet. Wenn ich im Restaurant eine Pizza mit Thunfisch wähle, entscheide ich mich damit auch gleichzeitig gegen das köstliche Steinpilzrisotto und das fantastische Saltimbocca. Doch alles drei zu wählen wäre zwar möglich, würde aber mit einer Magenverstimmung enden.

Nun ist die Entscheidung für ein Gericht im Restaurant nicht so schwerwiegend, weil man ja theoretisch am nächsten Tag noch mal kommen und dann das Risotto essen könnte. Doch manche Entscheidungen sind gewichtiger, weil man weiß, dass man auf das abgelehnte Angebot nicht wieder zurückgreifen kann.

Wer zwei attraktive Jobangebote bekommt, muss sich relativ zügig entscheiden, welches er annehmen will. Vielleicht kann man sich während der Probezeit bei dem einen Unternehmen die Option offenhalten, falls es einem nicht gefällt, noch das andere Angebot anzunehmen. Aber spätestens nach der Probezeit schlägt die Stunde der Wahrheit.

Wer sich nicht entscheiden kann, wo er leben will, kann natürlich auch zwei Wohnsitze wählen. Aber der Preis ist hoch. Will man nicht dauernd den ganzen Hausrat und die Lieblingsbücher von A nach B transportieren, spürt man vielleicht nach einer Weile, dass man die Annehmlichkeit von zwei unterschiedlichen Umgebungen mit dem Preis zahlt, sich an keinem Ort so richtig heimisch zu fühlen. Denn natürlich gehören zu einem »Heim« auch die sozialen Beziehungen, und diese werden beeinträchtigt, wenn man die Hälfte des Jahres woanders lebt.

Zum Erwachsenwerden gehört nach meiner Überzeugung die Fähigkeit, sich für einen Menschen zu entscheiden. Für einen Mann heißt das, dass er mit der Entscheidung für eine Frau auf schätzungsweise drei Milliarden andere Frauen verzichtet. Wow, diese Tragweite kann einen ins Zweifeln bringen. Denn rein nach der Wahrscheinlichkeitstheorie wäre es mit der einen oder anderen von den drei Milliarden wahrscheinlich auch recht nett. Die gute Nachricht hier: Ein Männerleben reicht einfach nicht, um nur einen Bruchteil der Alternativen zu testen. Die schlechte Nachricht lautet: Ein Verzicht ist es trotzdem. Zum Trost sei daran erinnert, dass es für Frauen dieselbe schwerwiegende Entscheidung ist.

Nicht erwachsene Männer können sich mit einer solchen Entscheidung sehr schwer tun. Auch andere Entscheidungen fallen ihnen schwer. Denn was einem meistens hilft, eine Entscheidung zu treffen, sind – neben gewissen rationalen Erwägungen – die eigenen Gefühle. Bei der Wahl zwischen Pizza, Risotto und Saltimbocca helfen sie einem, zu spüren, worauf man jetzt gerade Lust hat. Gut schmecken sie alle drei. Hilfreich bei der Entscheidung ist die Lust – und die innere Erlaubnis, diese zu spüren und ihr nachzugeben.

Aber es gibt noch einen anderen Grund, warum Entscheidungen schwerfallen können. Entscheidungen erinnern uns daran, dass wir sterblich sind, dass unsere Lebenszeit also nicht unendlich ist.

Zu meinem 50. Geburtstag schenkte ich mir ein Altsaxofon und nahm Unterricht, weil ich davon immer geträumt hatte. Nach meinem 56. Geburtstag nahm ich Gesangsstunden, weil ich schon lange Jazzstandards und Bossa Nova singen wollte. Doch ich merkte, dass beides zusammen zeitlich schwierig wurde. Natürlich kann man jederzeit etwas Neues anfangen. Aber man kann nichts nachholen. Gelebte Zeit ist dahin. Nicht die Zeit vergeht, sondern wir vergehen in der Zeit. Und ich verzichtete schweren Herzens darauf, ein zweiter Ornette Coleman zu werden.

Der medizinische Fortschritt ist mittlerweile so weit, dass auch noch eine 64-jährige Frau Mutter werden kann. Mit 50 Jahren kann ein Mann noch den Motorradführerschein machen und sich eine Harley kaufen. Doch es macht einen großen Unterschied, ob man mit 64 Jahren Mutter ist oder mit 24. Von den Auswirkungen auf das Kind ganz zu schweigen. Es macht auch einen Unterschied, ob der Mann mit 18 oder mit 50 seinen Motorrad-Führerschein macht.

Zum Erwachsensein eines Mannes gehört es aus meiner Sicht, sich für eine Frau ganz zu entscheiden. Das mit dem Sohn-Zeugen und dem Baumpflanzen halte ich dabei nicht für so relevant. Konkret gesprochen: Zum Erwachsensein gehört, bei der Liebsten seines Herzens anzufragen, ob sie einen heiraten möchte.

Ich kenne viele Paare, beruflich wie privat, die seit Jahren zusammenleben, auch gemeinsame Kinder haben, aber unverheiratet sind. Darauf angesprochen, antwortet meist ein Partner oder beide, dass ihnen das nichts bedeute und diese gesellschaftliche Konvention überflüssig sei. Ich teile diese Ansicht nicht, glaube aber auch nicht, dass es etwas mit gesellschaftlichen Sitten zu tun hat. Angesichts der heutigen Scheidungszahlen erscheint es erstens zu 50 Prozent unwahrscheinlich, dass eine eingegangene Ehe länger als fünf Jahre hält. Zum anderen ist eine Ehescheidung teuer und meist mit hässlichen Auseinandersetzungen über Geld, Besuchsrechte und die Frage, wer nun die sündhaftteure italienische Espressomaschine behalten darf, verbunden.

Doch glaube ich, dass die Entscheidung zur Heirat – und der Widerstand dagegen – etwas über die Beziehung, wie sie beide erleben, aussagt. Ich plädiere aus zwei Gründen dafür, dass ein Paar, das sich liebt, heiratet: Es vertieft die Beziehung und es hilft, erwachsener zu werden.

Das Vertiefende für die Beziehung besteht darin, dass im Antrag des Mannes an die Frau »Willst du mich heiraten?« auch ausgedrückt wird: »Von allen drei Milliarden Frauen, die ich locker haben könnte, will ich nur dich!« Oder anders gesagt: »Mein Leben ist begrenzt und die mir noch zur Verfügung stehende Zeit, wie lange sie auch letztlich dauern möge, will ich nur mit dir verbringen.«

Die Chance, durch die Heirat ein gutes Stück erwachsener zu werden, ist im Ritual der Hochzeit enthalten. Bei einer katholischen Trauung wird das ganz deutlich. Die Braut betritt die Kirche nicht am Arm ihres zukünftigen Mannes, sondern am Arm eines anderen Mannes. Der Vater der Braut führt sie zum Altar und übergibt sie dort dem Bräutigam zur Frau. Das heißt, in diesem kurzen Moment wird im Ritual aus der Tochter des Vaters –

und der Mutter – eine erwachsene Frau an der Seite eines Mannes. In östlichen Trauungsritualen gibt es dieselbe Szene, dass die Mutter des Bräutigams diesen zum Altar führt und ihn dort der Frau zum Mann gibt.

Ein solches Ritual ist in seiner Bedeutung und Wirkungskraft nicht zu unterschätzen. Das zeigen schon die erlebten oder unterdrückten Gefühle der Beteiligten. Rituale markieren immer einen Übergang. Etwas Vertrautes geht zu Ende, muss verabschiedet und betrauert werden, damit das Neue, Ungewisse seinen Platz einnehmen kann.

Noch ein anderes Ritual weist auf die Bedeutung der Hochzeit hin. Vor der Hochzeit gibt es für den Mann traditionellerweise einen Junggesellenabschied. Mithilfe von viel Alkohol und seiner besten Freunde soll dem angehenden Ehemann der Verzicht auf spontanen Sex mit drei Milliarden Frauen und die Unverbindlichkeit des Junggesellenlebens erträglich gemacht werden.

Nicht erwachsene Männer meiden oft diese notwendigen Einschnitte. Es schmerzt sie, dass alles Leben in Phasen abläuft und eine neue Phase das »Sterben« und Loslassen der vorangehenden Phase erfordert. Vielmehr bevorzugen sie ein Multitasking-Leben, in dem die einzelnen Phasen parallel nebeneinander zu existieren scheinen und nie ein wirkliches Ende, aber dafür immer neue Anfänge erlebt werden. Sie hegen damit die Illusion, sich nicht trennen zu müssen von einer Phase. Jedes Jahr bei der Steuererklärung macht das Paar bei der Rubrik das Kreuz unter »Ledig«, was zwar die höchste Steuerklasse mit sich bringt, aber eben auch die Fantasie, dass man eben nicht – wie all die anderen Spießer – längst verheiratet ist oder sich zumindest so fühlt.

Das Sich-nicht-entscheiden-Können von Männern für ihre langjährige Partnerin, indem sie sie nicht heiraten wollen, deute ich zuweilen provokativ mit der Aussage: »Aha, Sie warten also noch auf etwas Besseres!«

Natürlich wird diese Behauptung fast immer entrüstet zurückgewiesen. Vielmehr habe man noch keine Zeit gehabt, hätte gerade andere Prioritäten, und außerdem würde eine Heirat auch gar nichts an der Beziehung ändern. Ich glaube das nicht. Wenn beide behaupten, dass eine Heirat an der Beziehung nichts ändern würde, vermute ich einen Ablösungskonflikt bei einem oder beiden Partnern. Doch meist ist es so, dass auf meine Frage an den Mann, warum er nicht heiraten will, die Frau ganz aufmerksam zuhört und sie sich oft eine solche entscheidende Frage von ihm schon lange gewünscht hätte.

Natürlich wird man durch eine Heirat nicht automatisch erwachsener. Aber es erhöht die Wahrscheinlichkeit. Unter anderem deshalb, weil einem damit meist einige Konflikte mit den eigenen Eltern ins Haus stehen. Dazu mehr im nächsten Kapitel.

Sich gegen seine Mutter stellen können

Ein Paar hat die Eltern des Mannes zum Abendessen eingeladen. Während die Frau das Gulasch zubereitet, kommt die Schwiegermutter in die Küche, nimmt sich – ohne zu fragen – einen Löffel und sagt, nachdem sie probiert hat: »Da fehlt aber noch Majoran. Sonst schmeckt das meinem Jungen nicht.«

Die über diesen kulinarischen Hinweis nicht erfreute Frau blickt hilfesuchend zu ihrem Mann, der die Szene in der Küchentür stehend beobachtet hat. Er macht jedoch eine beschwichtigende Geste, verdreht die Augen und verschwindet aus der Küche. Abends im Bett gerät das Paar wegen einer Kleinigkeit in einen großen Streit.

Zum Erwachsenwerden gehört – wie bereits ausgeführt – die Fähigkeit, Entscheidungen zu treffen. Um Entscheidungen effektiv treffen zu können, ist es wichtig, sich über seine Prioritäten Klarheit zu verschaffen, also zu klären, was einem wichtiger ist. Manche Prioritäten lassen sich verknüpfen, dann muss man sich nicht entscheiden, sondern kann beides tun. Wenn man beim Autofahren Musik hören will, geht das beides. Beim Autofahren ein Buch lesen geht jedoch nicht.

Wenn ein Mann eine Frau zu seiner Partnerin wählt, kann er daneben ein Arbeitsverhältnis haben. Wenn ein Mann eine Frau zu seiner Partnerin wählt, kann er daneben kein Mutter-Sohn-Verhältnis mehr haben. Er muss sich von ihr lösen – und sie sich von ihm. Dass das für beide Seiten mitunter nicht leicht ist, wurde weiter vorn im Buch bereits beschrieben. Ob es gelungen ist oder in die Richtung geht, kann man an Situationen wie der obigen genau erkennen.

Wenn man eine neue Beziehung eingeht, ist es notwendig, die vorherige Bindung zu lockern. Wer ein neues Arbeitsverhältnis eingeht, kann bei seinem neuen Chef nicht dauernd davon schwärmen, wie toll das Betriebsklima in seiner alten Firma war. Er muss sich innerlich davon verabschieden, um frei zu werden für seinen Platz in dem neuen Unternehmen. Beides lässt sich nicht verbinden. Es ist eine Entweder-oder-Entscheidung. Fällt ihm das schwer und berichtet er immer wieder von den Vorzügen des alten Arbeitsverhältnisses, fühlen sich die Mitarbeiter und Kunden in seinem neuen Job mit der Zeit abgewertet. Irgendwann werden sie ihn verärgert auffordern: »Wenn dort alles besser war, dann geh doch wieder zurück!«

Während bei diesem Beispiel wohl jedem einleuchtet, dass man bisherige Loyalitäten vermindern oder auflösen muss, wenn man eine neue Beziehung eingehen will, glauben manche, dass dies in einer intimen Liebesbeziehung, die ja hoffentlich viel intensiver als eine Arbeitsbeziehung ist, nicht notwendig sei. Doch man kann aus meiner Sicht nicht Mann und gleichzeitig Sohn sein.

Ob das so ist – oder eben nicht –, zeigt sich ganz deutlich in Konflikten, in denen der Mann Stellung beziehen muss, in denen er sich ganz klar bekennen muss, auf welcher Seite er steht. Hier ein paar Beispiele:

☐ *Die verwitwete Mutter des Mannes lädt das Paar zu einem gemeinsamen Urlaub ein, den sie voll bezahlen würde. Seine Frau ist dagegen, weil sie den Urlaub lieber zu zweit verbrin-*

gen will. Der Mann weiß, dass seiner einsamen Mutter der gemeinsame Urlaub gut tun würde.

☐ *Der Vater des Mannes, ein Hobbymaler, schenkt dem Paar zur Hochzeit ein selbstgemaltes Porträt des Brautpaars. Beide finden das Bild wenig gelungen, doch der Mann weiß, wie kritikempfindlich sein Vater ist und dass seine Mutter Konflikte nicht ausstehen kann. Zwei Stunden vor dem anstehenden Elternbesuch, überlegt der Mann, ob er das Bild, das sonst im Hobbyraum liegt, im Wohnzimmer aufhängen soll.*

☐ *Der geschiedene Vater des Mannes, will dem Paar das Haus, in dem es zur Miete wohnt, kaufen – unter der Bedingung, dass er ein lebenslanges Wohnrecht im ersten Stock erhält. Der Mann findet das eine prima Idee, weil sie so günstig zu einem Haus kämen. Seine Frau hält nichts davon, weil sie befürchtet, dass sie möglicherweise dann in ein paar Jahren ihren Schwiegervater pflegen muss.*

Solche Konflikte sind nicht einfach zu lösen, da dabei nicht nur Vor- und Nachteile gegeneinander abgewogen werden müssen. Viel schwieriger ist es, die Loyalitätsbindungen, die unvereinbar sind, zu spüren und zu entscheiden, welcher Bindung man den Vorrang geben will. Oder deutlich gesagt: Es gilt zu entscheiden, welche Beziehung einem wichtiger ist. Und zwar nicht in der Theorie, sondern in der Praxis.

Nicht selten befürchtet der Mann, von dem die Entscheidung gefordert ist, als Konsequenz Schuldgefühle. Und oft versuchen Eltern auch – allein oder zu zweit –, ihm solche Schuldgefühle zu machen:

☐ *»Nach allem, was wir für dich getan haben, ist das der Dank!«*
☐ *»Ich kapiere schon, ich bin dir einfach nicht mehr wichtig.«*
☐ *»Seit du verheiratet bist, tust du nur noch, was deine Frau sagt.«*

Phasenübergänge in Beziehungen sind immer dadurch gekennzeichnet, dass ein Mensch seine Prioritäten neu bestimmt. In der

Pubertät werden für den Jugendlichen die Gleichaltrigen wichtiger und die Eltern unwichtiger. Wenn ein Paar ein Kind bekommt, tritt meist für eine Weile die Paarbeziehung in den Hintergrund. Wenn ein Paar heiratet, sollten die Eltern der beiden weniger wichtiger werden. Für den Zurückgestuften ist das fast immer schmerzhaft. Der Zurückstufende hat manchmal Schuldgefühle.

Doch solche Phasen – und die damit verbundenen Neubewertungen – sind wichtig. Unterlassen Sie diese, hat das Auswirkungen auf Ihre Beziehung. Dabei zählen jedoch nicht die Worte, sondern wie meistens im Leben die Handlungen.

»Und wie soll ich das jetzt ändern?«

Die Möglichkeiten eines Buchs sind naturgemäß begrenzt. In einer Therapie, einem Coaching oder einem Persönlichkeitsseminar kann ich viel persönlicher mit dem jeweiligen Klienten arbeiten. Die meisten Bücher beschränken sich deshalb auf Tipps und Strategien, die anzuwenden dem Leser empfohlen wird.

Auch in diesem Buch finden Sie einige Tipps, obwohl ich skeptisch bin, dass viele Leser sie anwenden werden. Aber vielleicht sind Sie da ja ganz pflichtbewusst. Ehrlich gesagt, glaube ich gar nicht an Rezepte oder Tipps – außer beim Kochen. Denn Tipps implizieren eine universelle Gültigkeit. Bei dem und dem Problem hilft gemeinhin Tipp X. Aber aus meiner Sicht sind Menschen und ihre Probleme höchst individuell. Der berühmte Hypnotherapeut Milton Erickson, von dem ich viel gelernt habe, plädierte sogar dafür, dass man für jeden Klienten die Behandlung maßschneidern müsse. In der direkten Arbeit mit einem Klienten ist das schon schwierig, und für die Leser eines Buches, die ich als Verfasser gar nicht kenne, ist das unmöglich.

Bei einem guten Kochrezept können Sie ziemlich sicher sein, dass, wenn Sie alles vorschriftsmäßig befolgen, höchstwahrscheinlich das gewünschte Ergebnis herauskommt. Bei meinen Tipps ist das nicht so. Denn diese sind mehr Experimente – und keine Rezepte –, und bei einem Experiment weiß niemand so genau, was am Ende dabei herauskommt. Aber ohne Experimente entsteht nichts Neues. Gute Köche experimentieren dauernd. Und die Tatsache, dass Sie dieses Buch lesen, zeigt doch, dass Sie auf der Suche nach etwas Neuem sind. Und: Nur wenn Sie selbst experimentieren, bekommen Sie zustande, was Ihrem persönlichen Geschmack entspricht, was Ihnen wirklich schmeckt.

Wie innere Bilder Ihr Verhalten steuern

Warum handeln wir so, wie wir handeln? Und warum ist es so schwer, sein Verhalten zu ändern, obschon man erkennt, dass es nur Nachteile erbringt? Früher machte man das eigene Phlegma, mangelnde Willensstärke oder schlechte Charaktereigenschaften dafür verantwortlich. Das hat zwar auch nichts geändert, aber dafür konnte man sich schuldig fühlen.

Neurobiologische Forschungen der letzten Jahre haben jedoch gezeigt, dass die Ursache ganz woanders zu suchen ist. Wie wir Menschen denken, fühlen und handeln, hat ganz entscheidend damit zu tun, welche Nervenverbindungen im Gehirn miteinander zusammenarbeiten. Eine Ansammlung solcher Nervenverbindungen bezeichne ich als »Landkarte«. Wie eine richtige Landkarte oder ein Stadtplan oder die Software eines Navigationssystems im Auto bildet es ein Stück Realität ab. Wohlgemerkt: ein Stück Realität, nicht die ganze Realität. Die Landkarte ist nicht die Landschaft.

Damit ist gemeint, dass das Abbild, das mir ein Stadtplan von einer Stadt zeigt, zwar einen nützlichen Ausschnitt über Straßen, Plätze und Sehenswürdigkeiten zeigt. Doch natürlich beinhaltet die wirkliche Stadt viel, viel mehr!

Da wir die Wirklichkeit nicht direkt wahrnehmen können, machen wir uns Bilder davon, Landkarten also. Da wir beim ersten Kontakt mit einem Menschen nicht wissen können, wie er »in Wirklichkeit« ist, wir aber mit ihm umgehen müssen, machen wir uns eine Landkarte von ihm. Sieht nett aus, wirkt sympathisch etc. Doch natürlich ist das nur ein Bild, das wir uns machen, immer aufgrund unserer vorherigen Erfahrungen mit Menschen dieser Art.

Ist der Mann beim ersten Rendezvous höflich und zuvorkommend, ist die Frau eher dazu geneigt, sich näher mit ihm einzulassen, als wenn der Mann rüde Manieren hat, herumflucht und einen anpumpt. Wie der Mann wirklich ist, weiß sie erst nach einiger Zeit oder vielleicht nie. Doch die Entscheidung, ob sie ihm ihre Telefonnummer gibt oder nicht, muss sie jetzt treffen. Natürlich könnte der Mann auch ein raffinierter Serienmörder sein, der weiß, dass Frauen beim ersten Treffen auf höfliche und zuvorkommende Männer eher stehen als auf gebeichtete Gewaltfantasien.

Die Bilder in unserem Gehirn entscheiden also maßgeblich mit, was wir tun, wem wir vertrauen und wo wir vorsichtig werden. Die Bilder – also die Landkarten – in unserem Gehirn reduzieren für uns die Komplexität des Lebens. Es ist wie mit Vorurteilen. Niemand weiß, wie Italiener, Österreicher oder Polen wirklich sind. Erstens sind es jeweils etliche Millionen verschiedene Menschen, und zweitens haben wir oft noch nie mit einem echten Bewohner dieses Landes Erfahrungen gesammelt. Doch Vorurteile – also überlieferte Landkarten – helfen uns dabei zu entscheiden, wenn wir überlegen, mit unserem nagelneuen BMW Urlaub zu machen. Lieber nach Österreich, nach Italien oder nach – Polen? Sehen Sie, was jetzt in Ihrem Gehirn entstand, das sind Landkarten.

Landkarten bilden wir das ganze Leben lang durch die Erfahrungen, die wir machen. Wenn Sie im Alter von 45 Jahren mit Windsurfen anfangen, bilden Sie dadurch eine neue Landkarte, in der Luv und Lee auftauchen, Sie wissen, wie man das Segel gegen den Wind hält und wie man eine Halse steuert. Wer sich für Fußball interessiert, hat eine differenzierte Landkarte über Vereinsabzeichen, Trainer usw. Und er weiß etwas mit dem Namen Hoffenheim, eine kleine Gemeinde in der Nähe meiner Heimatstadt, anzufangen.

Doch die wichtigsten Landkarten entstehen viel früher, nämlich in den ersten zehn oder zwölf Lebensjahren. Der ganze Prozess der Erziehung und Sozialisation ist ein Bilden und Anhäufen von mentalen Landkarten. Aufs Klo zu gehen, sich bei der Begrüßung die rechte Hand zu geben, stundenlang stillsitzen zu können, sich verdrücken, wenn Papa schlechte Laune hat, sind Beispiele, was man als Kind alles zu lernen hat.

Beim Bilden dieser Landkarten beeinflussen uns Gefühle und Bilder viel mehr als Worte. Als Kind vorgelesen zu bekommen, wie schlimm eine Hexe ist, bleibt erst mal ohne große Wirkung. Hat man aber im Puppentheater erst einmal gesehen, wie furchterregend eine Hexe *wirklich* aussieht, macht das fortan einen Riesenunterschied. Aus demselben Grund ist ja auch die Mahnung vor der heißen Herdplatte weitgehend nutzlos, die gemachte Erfahrung dagegen zeitlebens prägend. Das Wort »Zitrone« hat, wenn Sie es hier lesen, kaum Auswirkungen auf Sie. Wenn Sie aber die Augen schließen und sich eine Zitrone bildhaft vorstellen, werden Sie es im Mund spüren. Wo genau Sie am Abend des 27. März 2007 oder am Dienstag vor drei Wochen waren, werden Sie vermutlich nicht mehr wissen. Doch wo Sie am 9. November 1989, dem Tag des Mauerfalls in Berlin, waren, wissen Sie bestimmt noch.

Bilder, die in emotional bewegenden Momenten in unserem Gehirn entstehen, bleiben stärker haften als rationale Einsichten. Der Hund, der uns gebissen hat, als wir sieben Jahre alt waren, prägt unser Verhalten gegenüber allen anderen Hunden mehr als noch so viele Versicherungen von freundlichen Hundehaltern: »Der tut nichts, der will nur spielen!« Und unser verständliches Vermeidungsverhalten gegenüber Hunden stärkt die persönliche Landkarte, dass Hunde eben doch gefährlich sind. Würde man stattdessen in einem Hundesalon arbeiten müssen, würden die dort gewonnenen positiven Erfahrungen den Hundebiss von damals mit der Zeit überlagern.

Aufgrund Ihrer individuellen Erfahrungen haben Sie über alles Mögliche mentale Landkarten gebildet: darüber, was man gängigerweise zum Frühstück isst (in China gelten da ganz andere Regeln), oder wie man mit Hunden und Katzen umgeht (auch da gibt es in China ganz andere Gebräuche), und natürlich auch darüber, was ein Mann ist und wie er sich verhält.

In einer Familie, in der der Vater Hausmann ist, sieht die vierjährige Tochter ihm beim Zubereiten des Mittagessens zu und fragt: »Papa, können Frauen eigentlich auch kochen?«

Es macht einen großen Unterschied, ob Sie als Eskimojunge von klein auf miterleben, dass die Männer auf die Jagd gehen, oder ob Sie beispielsweise in Berlin-Kreuzberg aufgewachsen sind und Ihr Vater als Betreuer in einer Kindertagesstätte arbeitet. Denn sich wiederholende Erfahrungen, die wir machen, hinterfragen wir erst einmal nicht, schon gar nicht, wenn wir jung sind. Als Kind denken wir nicht: »Okay, bei uns zu Hause werden Streitigkeiten immer so abgehandelt, dass mein Vater rumbrüllt und meine Mutter resigniert nachgibt – aber auf der Welt gibt es bestimmt viele andere Möglichkeiten, Streits zu führen.«

Das, was wir früh erleben, nehmen wir erst mal als bare Münze, dass es genau so im Leben zugeht. Und wir entwickeln eine Strategie, damit umzugehen. Eine psychische Überlebensstrategie sozusagen. Und zwar eine, die funktioniert. Wer als Junge in der Klasse immer der Kleinste ist und oft verprügelt wird, kann das nicht einfach hinnehmen. Weil es sehr schmerzhaft ist, braucht er eine Überlebensstrategie. Entweder lernt er, schneller als andere zu rennen, oder er entdeckt, dass auch Humor eine Waffe sein kann. Wer erlebt, dass er so gute Geschichten und Witze erzählen kann, dass ihm die anderen lieber zuhören, als ihn zu verhauen, hat eine funktionierende Strategie gefunden. Auf die kann er –

man betrachte den Lebenslauf bekannter Komiker – möglicherweise eine ganze Berufslaufbahn aufbauen.

Jede emotional prägende Situation ist also in unserem Gehirn als Lernerfahrung, als neuronales Denk-, Gefühls- und Handlungsmuster gespeichert. Je öfter diese Landkarte nun aktiviert wird, umso stabiler wird die dazugehörige Gewohnheit im Denken, Fühlen und Handeln. Der Neurobiologe Gerald Hüther spricht deshalb in seinem Buch »Bedienungsanleitung für ein menschliches Gehirn« von »Autobahnen im Gehirn«, mit denen unsere stabilsten Überzeugungen und Gewohnheiten vergleichbar sind. Diese Autobahnen sind ungemein praktisch, wenn die darin abgebildeten Gewohnheiten nützlich und für unsere Absichten zieldienlich sind.[4]

Alle Stadtpläne, Atlanten und Navigationssoftware werden in regelmäßigen Abständen aktualisiert und auf den neuesten Stand gebracht. Weil die Wirklichkeit sich laufend ändert. Doch mit unseren mentalen Landkarten verfahren wir nicht so vorausschauend. Da laufen wir oft noch mit Landkarten herum, die 30, 40 Jahre alt sind. Damit würden wir nie in den Urlaub fahren, aber ins reale Leben trauen wir uns damit!

Das Tragische daran ist – aber auch das Tröstliche –, wir wissen nicht, dass unsere Landkarten teilweise total überaltert sind. Wir halten sie für aktuell und wundern uns, dass wir im Leben immer wieder in Sackgassen geraten. Würde uns das mit einem Stadtplan passieren, würde man aufs Erscheinungsjahr des Plans schauen und dann erkennen: »Kein Wunder, dass ich dauernd mein Ziel verfehle – der Stadtplan ist ja schon 40 Jahre alt.« Bei unseren mentalen Landkarten beharren wir unbewusst darauf, dass dies keine Landkarte sei – sondern die Realität.

Eine Frau sagt zu ihrem Mann, nachdem er wiederholt seine getragene Kleidung im Wohnzimmer verstreut hat: »Wie sieht's denn hier aus? Jetzt räum endlich deine Sachen auf!« Darauf entgegnet der Mann: »Hör du endlich damit auf, an mir herumzuziehen!«

Würde der Mann im Büro einen ähnlichen Satz von seinem Vorgesetzten über den Zustand seines Arbeitsplatzes hören, würde er wahrscheinlich ohne viel Murren aufräumen. Der Unterschied liegt nicht in der verbalen Aufforderung. Der Unterschied liegt darin, welche emotionalen Bilder bei dem Mann aufgerufen werden. Sagt der Chef den Satz, erlebt der Mann sich zwar hierarchisch nachstehend, aber er führt die Anordnung aus. Der Satz der Ehefrau dagegen löst dagegen vermutlich Bilder aus, in denen sich der Mann als kleiner Junge sieht, der von seiner Mutter ausgeschimpft wird, endlich sein Zimmer aufzuräumen. Mit dem Ergebnis, dass er sich widersetzt.

Welche Bilder jeweils aufgerufen werden, ist wenig steuerbar, also unwillkürlich, und hängt mit unseren in der Vergangenheit gemachten Erfahrungen zusammen. Fast immer sind uns diese verknüpften Erfahrungen völlig unbewusst. Aber sie sind natürlich sehr mächtig, was unsere Gedanken, Gefühle und Handlungen angeht.

Was Sie über Ihr Gehirn wissen müssen

Wenn man sich verändern will, ist es aus meiner Sicht hilfreich, etwas darüber zu wissen, wie unsere Psyche funktioniert. Hierbei sind vor allem der Begriff des »inneren Autopiloten« sowie eine Methode, die »innere Achtsamkeit«, wichtig.

Das moderne Leben ist für viele Menschen mit einer enormen Informationsüberflutung verbunden. Morgens im Bad hört man schon Nachrichten, beim Frühstück wird die Zeitung überflogen, während der Autofahrt zum Büro telefoniert man mit Kunden, im Büro umgibt uns die übliche Hektik. In der Mittagspause isst man mit Kollegen, nachmittags wieder Arbeit und Termindruck, zu Hause wartet die Familie oder man landet – zum Entspannen – vor dem Fernseher. Kurz vorm Schlafengehen werden noch die letzten Mails vom Blackberry gecheckt. Gute Nacht!

Dieses gewaltige Pensum an permanenter Informationsverarbeitung schaffen wir mithilfe unseres »Alltagsbewusstseins«. Das ist ein bestimmter Bewusstseinszustand, den man sich wie den Autopiloten eines Flugzeugs vorstellen kann: Routineaufgaben werden durch automatisierte Gewohnheiten erledigt, ökonomisch, effektiv, zeitsparend. Doch wer sein Leben – oder seine Beziehung – überwiegend im Modus des Autopiloten verbringt, verpasst das meiste. Er funktioniert, er reagiert, aber er erlebt zu wenig. Das Leben besteht dann nur noch aus einer endlos scheinenden To-do-Liste, die abzuarbeiten niemals gelingen kann, weil sie immer nachwächst.

»Innere Achtsamkeit« ist ein anderer Bewusstseinszustand, der uns zur Verfügung steht. Im Zustand der Achtsamkeit ist der eigene Autopilot abgeschaltet und es ist eine andere Form der Wahrnehmung wirksam. Im Autopilotmodus funktioniert man. Man betrachtet die Dinge des Lebens vor allem als etwas, auf das sofort reagiert werden muss. Sie treten morgens aus der Haustür, Ihr Blick geht in den Garten und Sie denken: *»Der Rasen muss mal wieder gemäht werden.«*

Im Zustand der Achtsamkeit fällt Ihr Blick morgens vielleicht auch auf den Garten. Sie sehen das Gras, vielleicht die Tautropfen auf den Halmen, bemerken einige Blätter auf dem Terrassenboden, sehen das Blau des Lavendelstocks. Das heißt jetzt nicht, dass im Zustand der Achtsamkeit Ihr Rasen meterhoch wächst. Der Autopilot ist ja nicht schlecht, sondern sehr nützlich – vorausgesetzt, man kann ihn ab und zu abschalten, vorausgesetzt, Sie nutzen Ihre Wahl, nicht nur automatisch zu reagieren.

Ein Beispiel: Sie kommen ziemlich erledigt vom Büro ziemlich erledigt nach Hause. Es war ein harter Tag und Sie freuen sich auf einen gemütlichen Feierabend mit ihrer Partnerin. Sie schließen die Haustür auf und stolpern zuerst über das Bobbycar ihres Kindes. Als Ihre Frau Sie kurz begrüßt mit den Worten: »Gut, dass du kommst. Kannst du schnell noch einen Kasten Sprudel holen, der Supermarkt schließt gleich!«, setzt es bei Ihnen aus. Sie brüllen: »Nein, kann ich nicht!« und ver-

schwinden in Ihrem Arbeitszimmer und schalten den PC an. Als kurz danach Ihre Frau klopft und vorsichtig fragt, was denn los sei, können Sie nur brummen: »Gar nichts ist los!« und starren weiter auf den Monitor.

So reagiert der Autopilot von manchen viel beschäftigten Männern. Auf Überlastung schaltet er alle Systeme ab. Natürlich ist das für die beteiligte Partnerin nicht einsichtig. Sie hat doch nur einen dringenden Wunsch geäußert. Der Mann könnte vermutlich auch gar nicht genau erklären, was in der Zeitspanne vom Aufschließen der Wohnungstür bis zu dem Moment, in dem er in seinem Arbeitszimmer vor dem PC saß, in ihm vorging.

Die Kenntnis der Achtsamkeit kann helfen, solche automatischen Gefühlsabläufe und Verhaltensroutinen besser kennenzulernen und dann auch zu verändern. Insofern ist Achtsamkeit ein Prozess der De-Automatisierung von den eigenen Denk- und Gefühlsroutinen. Nicht um sie los zu werden, denn sie sind ja oft nützlich. Sondern um die Wahl zu haben, sie abzuschalten und die Welt, die Menschen und sich selbst anders wahrzunehmen.

Wie Sie Achtsamkeit kennenlernen können

Achtsamkeit ist keine neue Erfindung, sondern eine jahrtausendealte Technik. Jede Form der nach innen gerichteten Aufmerksamkeit nutzt diesen Zustand, zum Beispiel auch das Autogene Training oder die Meditation.

Eine kurze Anleitung zur Achtsamkeit

1. Sie setzen sich hin.
Am besten an einem Ort, wo Sie für eine Weile ungestört sind. Das kann Ihr Büro, Ihr Fernsehsessel, der Sitz im Auto sein.

2. Sie schließen die Augen.
Das hat den Vorteil, dass Sie keine optischen Informationen verarbeiten müssen.

3. Sie richten Ihre Aufmerksamkeit auf Ihren Körper.
Zum Beispiel auf Ihre Füße. Spüren Ihren Rücken, wie er gegen die Lehne drückt. Nehmen Ihre Hände wahr. Spüren Ihren Atem usw.

4. Sie richten Ihre Aufmerksamkeit auf Ihre Gefühle.
Versuchen zu spüren, wie es Ihnen gerade geht. In welcher Stimmung Sie gerade sind.

5. Sie richten Ihre Aufmerksamkeit auf Ihre Gedanken.
Stellen Sie sich vor, Sie sollten Ihre Gedanken aufschreiben. Dazu müssten Sie beobachten, was für Gedanken auftauchen.

6. Dann nehmen Sie einen tiefen Atemzug und öffnen wieder die Augen.
Das kann nach drei Minuten sein oder nach zehn Minuten, ganz wie Sie wollen.

Sie können sich diese Anleitung in einem Podcast, einem Audiobeitrag von mir im Internet, anhören und herunterladen: zum Link siehe Seite 199.

Achtsamkeit ist aus meiner Sicht keine Übung. Denn Achtsamkeit hat kein Ziel. Es gibt nichts zu verbessern oder zu verändern. Sie können sich damit aber anders kennenlernen, vielleicht einen anderen Kontakt zu sich finden. Aber bitte machen Sie keine neue Aufgabe auf der To-do-Liste daraus. Konkret heißt das während der Achtsamkeit:

☐ *Sie müssen nichts verändern.*
  Angenommen, Sie bemerken eine Anspannung im Körper. Sie brauchen jetzt nichts tun, um sich zu entspannen. Es reicht, die Anspannung wahrzunehmen, vielleicht genauer zu untersuchen. Aber alles ohne Druck, etwas erreichen zu müssen. Die

Anspannung, Ihren Ärger oder einen Gedanken einfach nur wahrzunehmen genügt. Achtsamkeit ist ein Weg, um etwas zu entdecken, nicht um es zu verändern. Paradoxerweise kann sich gerade durch dieses »Nichttun« viel verändern.

☐ *Sie müssen nichts erklären.*
Angenommen, Sie spüren eine Spannung im Rücken. Sie müssen jetzt nicht erklären, woher die kommt (schlecht geschlafen, zu wenig Bewegung, Bandscheibenvorfall). Achtsamkeit ist die Erlaubnis, etwas einfach wahrzunehmen, was gerade da ist. Es ist keine Anamnese- oder Diagnosemethode.

☐ *Sie müssen nichts bewerten.*
Im Autopilotmodus vergleichen und bewerten wir unaufhörlich. In der Achtsamkeit ist das nicht nötig. Was Sie innerlich beobachten, also Ihre Körperempfindungen, Gefühle, Gedanken, brauchen Sie nicht zu bewerten, etwa »Das klappt prima/überhaupt nicht« oder »Ich kann so was nicht« etc. Wenn Sie bewertende Gedanken beobachten, macht nichts. Sie lassen sie einfach vorüberziehen.

Wie Achtsamkeit Ihnen helfen kann, Ihren Beziehungsstress zu reduzieren

Mittels Achtsamkeit können Sie erst einmal kennenlernen, wie Sie sich selbst stressen. Sie haben richtig gelesen: Wie *Sie* sich selbst stressen! Denn entgegen der landläufigen Meinung, dass das Leben, die Arbeit, der Chef, Ihr Partner Sie stresst, denke ich, dass das einfach nur Situationen sind. Den Stress daraus müssen Sie sich schon selbst machen.

Wie im Beispiel oben: Sie kommen müde nach Hause und freuen sich auf Ihren Feierabend. Im Flur stolpern Sie über das Bobbycar und hören von Ihrer Frau, dass Sie noch Sprudel besorgen sollen. Und dann setzt etwas in Ihnen aus – oder ein.

Aus der Sicht Ihrer Frau sieht die Szene so aus: Das Bobbycar liegt im Flur, weil Ihr(!) vierjähriger Sohn es dort liegen ließ und sie noch keine Zeit hatte, es wegzuräumen. So wie sie auch noch keine Zeit hatte, Sprudel zu kaufen, und froh war, als sie hörte, dass sie nach Hause kommen und sie unterstützen könnten.

In der Beziehung zwischen beiden passiert in diesem Moment Folgendes: Die Frau hat ein Bedürfnis nach Unterstützung und Entlastung und ihr Mann hat ein Bedürfnis nach Ruhe und Entspannung. Diese beiden Bedürfnisse, die so natürlich nicht konkret ausgesprochen werden, schienen im ersten Moment nicht zusammenzupassen.

Den Begriff der »Inkompatibilität«, das heißt, dass etwas erst einmal nicht zusammenpasst, halte ich in Beziehungen für sehr hilfreich. Der Stecker Ihres Rasierers passt nicht in die Steckdose in Ihrer italienischen Pension. Der Treiber Ihres Druckers passt nicht zur Konfiguration Ihres Computers. Inkompatibilität bedeutet, dass etwas erst mal nicht zusammenpasst. Nichts ist falsch, niemand hat Schuld – zwei Systeme passen einfach nicht zusammen. Aber ein Adapter für Ihren Rasierapparat und ein neuer Treiber für Ihren Drucker sorgen dafür, dass die Kommunikation zwischen den beiden Systemen wieder klappt.

Zwischen Menschen – einzeln wie in Gruppen – gibt es auch immer wieder Probleme der fehlenden Passung. Natürlich auch in der Paarbeziehung. Viele Streits drehen sich meiner Erfahrung nach darum, dass beide nicht erkennen, dass die Bedürfnisse und Wünsche von zwei Partnern erst mal nicht zusammenpassen. Niemand ist böse, keiner hat Schuld. Es hat wenig Sinn, den Rasierapparat in die Ecke zu pfeffern oder eine Stunde lang auf italienische Steckdosen zu schimpfen.

Doch genau dies tun Paare oft. Sie suchen die Schuld beim anderen – manchmal auch bei sich selbst –, anstatt nach einer Behebung der Inkompatibilität zu suchen. Was beim Rasierapparat der Adapter macht, schafft bei Menschen oft das Gespräch. Doch kein Streitgespräch darüber, wessen Bedürfnis nun berechtigter ist, sondern eine Kommunikation darüber, was bei einem selbst ablief in der Situation, die zu dem Streit führte. Und dazu braucht man die Achtsamkeit. Denn Sie müssen erst einmal genauer herausfinden, was alles in Ihnen ablief an Gedanken und Gefühlen und letztlich dann zu Ihrem Verhalten führte.

Mittels Achtsamkeit könnten Sie vielleicht Folgendes entdecken:

- ☐ Dass Sie beim Nachhausekommen so auf Ihr Bedürfnis nach Ruhe und Entspannung konzentriert waren, dass Sie gar nicht daran dachten, wie wohl Ihre Frau Ihr Nachhausekommen erleben könnte.
- ☐ Dass, als Sie über das Bobbycar stolperten, ein auf Ihre Frau gemünzter Gedanke auftauchte: »Ist den ganzen Tag zu Hause und räumt nicht mal auf!«, gefolgt von einem Gefühl von Ärger.

Wenn Sie diese Gedanken mittels Achtsamkeit und der damit gewonnenen Distanz betrachten, wird Ihnen möglicherweise eher auffallen, dass da zwei Menschen mit ihren unterschiedlichen Landkarten zusammentrafen. Und dass diese Landkarten in diesem Moment erst mal nicht passten. Dass jedoch die beiden Bedürfnisse sich nicht ausschließen, sondern Sie – mittels Achtsamkeit – das nächste Mal vielleicht so handeln könnten: Sie räumen das Bobbycar weg und sagen zu Ihrer Frau: »Schatz, ich bin gerade total erledigt. Ich würde mich gerne eine Viertelstunde ausruhen, dann hole ich den Sprudel, okay?«

Das ist eine Option, eine zusätzliche Wahlmöglichkeit. Die Ihnen aber im Autopilotmodus wohl nicht zur Verfügung steht. Denn da ist vorgezeichnet: Feierabend, Recht auf Ruhe, Störungen eliminieren! Mittels Achtsamkeit finden oder erschaffen Sie also neue Möglichkeiten in Ihrem Leben und vor allem in Ihrer Beziehung.

Achtsamkeit ist eine Möglichkeit des »Self-Monitoring«. Das heißt, wenn Sie das, was an Gedanken, Gefühlen oder Handlungsimpulsen in Ihnen aktiviert wird, gleichzeitig beobachten und reflektieren können, haben Sie bessere Chancen zu verstehen, was in Ihnen los ist. Und dadurch haben Sie auch die Chance, sich davon innerlich zu lösen.

Diese innere Distanz aufbauen zu können, ist eine wichtige Fähigkeit erwachsener Menschen. Nicht blindlings seinen Gefühlen ausgeliefert zu sein und beispielsweise zu explodieren oder beleidigt zu schmollen. Viele Menschen wehren diese Selbst-Reflexion ab mit dem Argument, sie wären dann nicht mehr authentisch. Oder sie rechtfertigen ihr überschießendes Verhalten mit Erklärungen wie »Ich bin eben temperamentvoll!« oder »Ich hasse es, kritisiert zu werden«.

Doch automatisch – oft ganz und gar vorhersehbar – zu reagieren ist kein Zeichen von Authentizität oder Erwachsensein. Letzteres hat mehr damit zu tun, Wahlmöglichkeiten zu haben. Denn derjenige, der mehr Wahlmöglichkeiten in einer Situation zur Verfügung hat, beherrscht sich selbst und die Situation. Es ist ein Zugewinn an Freiheitsgraden, wenn man in einem Gespräch, in dem einen der andere dauernd unterbricht, mehrere Verhaltensoptionen hat. Man kann beispielsweise deutlich seinem Ärger Luft verschaffen, hat aber auch die Möglichkeit, ruhig zu sagen: »Es stört mich, wenn Sie mich oft unterbrechen. Ich habe dann das Gefühl, Sie hören mir gar nicht richtig zu.«

Automatische Verhaltensweisen hat jeder zur Verfügung. Man hat sie einmal entwickelt, tausendmal angewendet, sie sind zudem im Gehirn verortet wie eine sechsspurige Autobahn. Wahlmöglichkeiten muss man sich dagegen erarbeiten. Dazu ist es auch wichtig, erst einmal zu verstehen, warum wir Menschen oft an Verhaltensweisen festhalten, die uns offensichtlich nur schaden oder höchst unangenehme Gefühle bescheren.

Symptome sind Lösungen

Ich glaube wie gesagt nicht an Tipps, aber ich halte sehr viel von Experimenten. Experimente sind kleine Aufgaben, deren Erledigung Sie nicht zu einer »Lösung« für Ihr »Problem« führen wird. Sondern mit solchen Experimenten können Sie genauer untersuchen, wie Sie ein Problem erschaffen bzw. aufrechterhalten.

»Wie bitte?«, höre ich Sie jetzt sagen. »Mein Problem erschaffe ich doch nicht! Das kommt von ganz allein. Und ich halte ich es auch nicht aufrecht. Ganz im Gegenteil, ich habe schon alles Mögliche probiert, es endlich loszuwerden.«

Ich gebe zu, der Denkansatz, dass viele unserer Probleme oder Symptome nicht von selbst kommen, sondern wir sie *irgendwie* – sagen wir besser: *unbewusst* – erschaffen, hat etwas Verstörendes. Dieser Denkansatz ist aber in der systemischen Therapie ein sehr praktikabler Ansatz, um Wechselwirkungen unseres Verhaltens mit anderen Menschen und der Umwelt besser zu begreifen.

Hier ein Beispiel:

☐ Eine Massenpanik »entsteht« dadurch, dass, ausgelöst durch ein Gerücht oder eine tatsächliche Gefahr, alle Menschen gleichzeitig zu den Ausgängen stürzen. Die dabei auftretenden Verletzungen oder Todesfälle entstehen nicht durch einen Mangel an Ausgängen oder die Menge der Zuschauer. In der Zeitung am anderen Morgen ist dann zu lesen: »Es entstand eine Panik!« Und nicht: »Die Menschen organisierten eine Panik«, obwohl dieser Ausdruck zutreffender wäre.

Ebenfalls aus dem systemischen Therapieansatz stammt die Erkenntnis, dass das Symptom oft nicht das Problem ist, sondern dessen Lösung.

»Wie bitte?«, stöhnen Sie vielleicht zum zweiten Mal. Das Symptom soll eine Lösung sein? Ein Symptom ist doch störend und keine Lösung. Stimmt, ein Symptom kann sehr störend und belastend sein, doch ist es ein äußerst hilfreicher Denkansatz, zu untersuchen, was das Symptom eigentlich tut bzw. welche Folgen es zeitigt.

Jeder, der kleine Kinder hat, kennt wohl diese Erfahrung: Wenn die Eltern Knatsch miteinander haben und versuchen, es zu überspielen, fangen kleine Kinder plötzlich an, unruhig zu werden oder herumzuquengeln. Weniger erfahrene Eltern schleppen dann ihr Kind zum Kinderarzt, der erfahrungsgemäß nichts feststellen kann. Etwas erfahrenere Eltern nehmen den Gemütszustand ihres Kindes als Zeichen, dass in der Beziehung der Erwachsenen etwas zu klären ist. Sie machen auch die Erfahrung, dass in dem Moment, wo die Eltern beginnen, sich auseinanderzusetzen oder zu streiten, das Kind plötzlich ruhig wird und anfängt zu spielen.

Dieselbe Beobachtung machten vor 30 Jahren Familientherapeuten in Italien, die viele Teenager mit Magersucht behandelten: Erst als sie sich auch mit der Beziehung der Eltern untereinander beschäftigten, konnte ein Fortschritt mit dem hungernden Mädchen erzielt werden. In ihrem Buch »Paradoxon und Gegenparadoxon« prägten die Therapeuten Pallazoli und ihre Mitautoren den Begriff des »Symptomträgers«.[5] Die Magersucht des Mädchens war das Symptom, das die Eltern in die Therapie brachte!

In meinen Persönlichkeitsseminaren arbeite ich deshalb viel mit einem Leitsatz, der sicher auch Ihnen oft helfen kann, ein hartnäckiges Symptom besser zu verstehen und dann möglicherweise zu verändern. Der Satz lautet: »Symptome sind Lösungen.«

Der Satz ist deshalb ungewöhnlich, weil die Haltung der meisten Menschen zu Symptomen ja nicht positiv ist. Wir finden Symptome lästig und überflüssig, bekämpfen sie und wollen sie schnellstmöglich loswerden. Doch symptomatische Verhaltensweisen sind oft erstaunlich hartnäckig, beispielsweise:

☐ *Häufige Unpünktlichkeit*
Obwohl das zu späte Erscheinen für den Betreffenden und die Wartenden unerfreulich ist, ändern Unpünktliche ihr Verhalten selten und erfinden stattdessen immer neue, äußerst kreative Erklärungen.

☐ *Suchtverhalten*
Egal ob jemand Kette raucht, zu viel Alkohol trinkt, sich zum Burnout schuftet oder jede Woche zehn Paar Schuhe – wahlweise Kameras, Modelleisenbahnen etc. – kauft, meist weiß der Betreffende genau, dass sein Verhalten entweder sehr ungesund ist oder keinen Sinn macht. Er scheint aber damit nicht aufhören zu können.

☐ *Ständiges Jammern*
Wahlweise über den Arbeitsplatz, den Chef, den Ehepartner, das schlechte Wetter oder die gerade gewählte Regierung in Berlin. Will man nun einem Klagenden mit Rat und Tat zur Seite stehen, erlebt man nie, dass der andere entsprechendes Handeln auch nur in Erwägung zieht. Sondern es erfolgen wortreiche Erklärungen, warum das überhaupt nichts helfe oder schlicht unmöglich sei.

☐ *Rituelles Streiten*
Damit meine ich Streits, vorzugsweise bei Paaren, die immer um dieselben Themen oder mit denselben Argumenten ausgetragen werden.

Geht man nun davon aus, dass die Menschen, die eine der obigen Verhaltensweisen zeigen, normal intelligent sind, so kann man fragen, warum jemand trotzdem so etwas tut, das ihm über kurz oder lang zum Nachteil gereicht.

Bei dieser schwierigen Frage hilft der Denkansatz »Symptome sind Lösungen« weiter: Jemand ist unpünktlich, nicht weil er keine Orientierung über die Zeit hätte – seinen Flug in die

Ferien versäumt er ja auch nicht –, sondern weil vielleicht seine Unpünktlichkeit gar kein Problem ist. Sondern eben die Lösung!

Die Lösung? Die Lösung wofür? – Ein symptomatisches Verhalten ist eine Lösung für einen inneren Konflikt. Und zwar die beste Lösung, die der betreffende Mensch bisher gefunden hat. Natürlich nicht die beste Lösung, die man sich vorstellen kann. Aber die beste Lösung für diesen Menschen im Rahmen seiner bisherigen Möglichkeiten.

Und warum lassen sich solche symptomatischen Verhaltensweisen so schwer verändern? Ganz einfach: Der damit zu lösende Konflikt ist einem in der Regel unbewusst. Man kennt den Konflikt nicht. Freunde und Bekannte haben meist eine Ahnung von dem Konflikt. Aber man selbst würde einen Hinweis darauf entrüstet von sich weisen. Weil einem der Konflikt eben unbewusst ist. Und was unbewusst ist, darüber können wir nichts wissen.

Welchen unbewussten Konflikt könnte beispielsweise ein unpünktliches Verhalten lösen? Die Antwort findet der Betreffende, wenn er sich fragt, was er tun müsste, um das Symptom zum Verschwinden zu bringen – und was daran für ihn so schwierig ist. Aus meiner Erfahrung mit vielen Menschen habe ich gelernt, dass unpünktliche Menschen meist einen Konflikt mit dem Thema Grenzen haben. Entweder können sie anderen Menschen schlecht Grenzen setzen, zum Beispiel eine Bitte abschlagen. Oder sie haben Probleme damit, Grenzen anzuerkennen. Ein vereinbarter Termin für eine Besprechung markiert zum Beispiel eine Grenze. Da kann ich nicht im Büro zwei Minuten vor dem Besprechungstermin noch ein Telefonat annehmen oder die Frage eines Kollegen beantworten, sondern ich muss mich auf den Weg zum Besprechungsraum machen.

Für manche Menschen ist ein vereinbarter Zeitpunkt keine praktische Sache, sondern sie empfinden ihn als Einschränkung ihrer persönlichen Freiheit: »Ich lasse mir von anderen nicht vorschreiben, wie ich meine Zeit einteile!« Oder sie begreifen ihn gar als Angriff auf ihren vermeintlichen Status: »Die Angestellten müssen pünktlich da sein, aber ich als Abteilungsleiter doch nicht.« So eine Unterstellung würde der Betreffende im Alltagsbewusstsein natürlich weit von sich weisen; ihm ist der zugrunde liegende Konflikt ja unbewusst. Er kennt ihn gar nicht. Die Kollegen sind sich zwar einig: »Unser Chef braucht immer den großen Auftritt und muss zeigen, wie beschäftigt er ist, deswegen kommt er regelmäßig zu spät.« Doch der Chef hält seine Erklärung seines Verhaltens für zutreffend: »Da war noch ein wichtiger Anruf von unserer Vertretung in Dubai. Da hängt ein Millionengeschäft dran!«

In diesem Sinne können viele symptomatische Verhaltensweisen als Lösungen für innere, unbewusste Konflikte verstanden werden. Der Vorteil dieses Denkansatzes ist: Man kommt auf ganz andere Zusammenhänge. So braucht man viele schädliche Verhaltensweisen nicht mehr als Sucht zu erklären, sondern als bisher die beste Lösung, um unangenehme Gefühle zu regulieren. Notorisches Jammern zeigt, dass man gar nichts ändern möchte, aber etwas Zuwendung von anderen erwartet.

Rituelles Streiten dient oft dem Zweck, sich für eine Weile lösen zu können. Es schafft Abstand – und Abstand ist wichtig, um wieder aufeinander zugehen zu können. Natürlich könnte auch ein Partner sagen: »Ich brauche mal etwas Abstand von dir. Ich weiß nicht, warum, es ist halt gerade so.« Welcher Partner würde jetzt nicht neugierig, ängstlich oder misstrauisch fragen: »Was ist los? Darüber müssen wir reden.« Reden schafft aber eher Nähe. Da ist ein vom Zaun gebrochener Streit effektiver. Denn nach einem Streit fragen sich die wenigsten Paare: »Um was ging es jetzt eigentlich? Wozu brauchten wir diesen Streit?«

Der Nachteil dieses Denkansatzes ist, dass die bisher gebrauchten Erklärungen oder Ausreden für einen selbst an Überzeugungskraft einbüßen. Dann wird es einem mit dem bisherigen Verhalten ungemütlich – und das kann zur Veränderung führen.

Experimente und Übungen zur Ablösung – für Männer

Wie im vorigen Kapitel beschrieben, kann man symptomatische Verhaltensweisen und Einstellungen nicht nur als Problem verstehen, sondern auch als kreative Lösung für einen inneren Konflikt. Die folgenden Experimente sind deshalb vor allem dazu gedacht, Sie einzuladen, dem einen oder anderen Ihrer inneren Konflikte auf die Spur zu kommen.

Da ein innerer Konflikt fast immer unbewusst ist, kann man ihn nicht so leicht aufspüren. Schon gar nicht durch intensives Nachdenken. Eher dadurch, dass Sie auf Ihre inneren Reaktionen achten. Lesen Sie dazu bei Bedarf noch einmal das Kapitel über Achtsamkeit, ab Seite 117 nach.

Hier kommt das erste Experiment:

Experiment Nr. 1: Einmal die Woche reicht

Haben Sie jetzt an Sex gedacht? Sehen Sie, so funktioniert der Autopilot. Aber das nur nebenbei. Das folgende Experiment ist für Männer geeignet, die mit ihrer Mutter oder ihren Eltern mehr als einmal die Woche Kontakt haben. Dabei spielt es keine Rolle, ob es sich bei dem Kontakt um einen Besuch oder ein Telefonat handelt.

Jetzt beginnt das Experiment. In einem der folgenden Sätze werden Sie einen Vorschlag lesen und Sie sollen einfach beobachten, was dieser Vorschlag in Ihnen auslöst. Sie sollen also nicht darüber nachdenken, sondern innerlich beobachten, welche Reaktion in Ihnen auftaucht, wenn Sie den Vorschlag lesen. Vielleicht ist es eine Körperempfindung, ein Gefühl oder ein Gedanke. Vielleicht passiert auch gar nichts. Das ist auch in Ordnung.

Am besten Sie konzentrieren sich jetzt auf Ihr inneres Erleben, so wie ich es auf Seite 119 beschrieben habe. Jetzt kommt der Vorschlag – und Sie achten bitte auf Ihre ersten Reaktionen innerhalb der ersten fünf Sekunden:

> *»Stellen Sie sich vor, Sie würden heute Abend Ihre Mutter oder Ihre Eltern anrufen und sagen, dass Sie jetzt nur noch alle zwei Wochen miteinander telefonieren oder sie besuchen werden.«*

Nun, wie war Ihre Reaktion? Ein unangenehmes Ziehen im Magen? Starkes Herzklopfen? Ein ängstlicher Gedanke: »Das geht nicht!«? Oder vielleicht eine Erleichterung in den Schultern? Und ein Gedanke: »Schön wär's!«?

Ihre Reaktionen können Ihnen Hinweise geben, ob sich hinter Ihrem Verhalten ein innerer Konflikt verbirgt. Vielleicht würde es Ihnen, wenn es ganz nach Ihnen ginge, reichen, ab und zu Kontakt mit Ihren Eltern zu haben. So alle zwei Wochen. Oder alle zwei Monate. Weil es so viel Neues in Ihrem Leben gar nicht gibt. Und in dem Leben Ihrer Eltern auch nicht. Aber Ihre Mutter oder Ihr Vater will eben häufiger von Ihnen hören. Und Sie trauen sich nicht, Ihren Wunsch zu äußern und dagegenzustellen. Weil Sie die Reaktionen fürchten.

An dieser Stelle kommt Ihr Symptom ins Spiel. Wir sagten, dass Symptome Lösungen sind. Sie besuchen Ihre Eltern öfter, als Sie eigentlich wollen: Könnte es sein, dass eben das bis jetzt Ihre beste Lösung für Ihren Konflikt ist? Und der Konflikt besteht darin, dass Sie einerseits Ihre Mutter nicht so oft sehen oder sprechen möchten, aber andererseits Ihre Mutter auch nicht verletzen wollen. Sie nehmen aber an, dass Ihr Wunsch nach selteneren Kontakt Ihre Mutter traurig, ärgerlich oder beleidigt machen könnte und dass Sie dadurch heftige Schuldgefühle bekommen würden.

Ihre Lösung besteht darin, dass Sie eben den – vermeintlichen – Wunsch erfüllen. Und alle möglichen Erklärungen dazu brauchen: »Wer weiß, wie lange sie noch lebt?« Oder: »Meine Eltern haben so viel für mich getan.«

Ein Klient, bei dem das obige Experiment heftige Bauchschmerzen auslöste und der daraufhin tatsächlich mit seiner Mutter sprach, berichtete mir völlig überrascht ihre Reaktion. Sie zeigt sich erleichtert, dass er jetzt nicht mehr so oft anrufen wolle. Ihr wäre das eigentlich auch zu viel gewesen, und sie erklärte ihr Verhalten so: »Aber ich dachte, du brauchst das noch, um zu wissen, dass wir für dich da sind.«

In einem Sketch von Loriot bietet ein Mann seiner Angetrauten beim Frühstück immer die obere Hälfte des Brötchens an, weil er überzeugt ist, dass sie die lieber mag. Er begründet diesen Verzicht damit, dass er sie eben liebe. Durch einen Zufall kommt nach 30 Jahren gemeinsamem Frühstücks heraus, dass seine Frau eigentlich lieber die untere Seite des Brötchens bevorzugte, aber annahm, dass sie sein so lieb gemeintes Angebot nicht ausschlagen dürfe.

Übrigens können Sie das Experiment beliebig abwandeln: Stellen Sie sich irgendeine Veränderung Ihres Verhaltens vor und beobachten sie achtsam Ihre Reaktion.

Experiment Nr. 2:
Anders mit Schuldgefühlen umgehen

Auch bei diesem Experiment geht es darum, einen möglichen inneren Konflikt bei sich aufzuspüren. Denn erst wenn Sie erleben und wissen, dass hinter Ihrem Verhalten ein innerer Konflikt steckt, können Sie diesen genauer untersuchen und darüber nachdenken, ob Ihre bisherige Lösung wirklich so gut ist. Dann können Sie vielleicht freier entscheiden: Entweder Sie machen einfach so weiter, oder Sie überlegen, ob es nicht bessere Lösungen für diesen Konflikt gibt.

Diesmal besteht das Experiment in einem Satz, den Sie gleich hier lesen werden und den Sie aussprechen sollen. Es ist ein positiv formulierter Satz, Sie brauchen sich also nicht innerlich zu wappnen, dass jetzt etwas Schlimmes kommt. Doch genauso wie bei dem ersten Experiment kommt es darauf an, dass Sie möglichst genau und unverfälscht Ihre inneren Reaktionen beobachten. Sie sollen also nicht über den Satz nachdenken, denn es kommt nicht auf Ihre Verstandesreaktionen an. Wir wollen erkunden, welche unbewussten Reaktionen es in Ihnen auf diesen Satz gibt.

Jetzt kommt der Satz. Ich bitte Sie, den folgenden Satz – am besten mit geschlossenen Augen – auszusprechen:

> »Ich schulde meinen Eltern nichts mehr.«

Was waren Ihre inneren Reaktionen? Erleichterung? Angst? Ein ablehnender Gedanke? Neutrale Reaktion? Oder Entrüstung, wie man so etwas behaupten könne? Egal wie Ihre Reaktion aussah, sie kann Ihnen Hinweise geben, ob es zu diesem Thema einen inneren Konflikt gibt.

Warum gerade dieser Satz? – Viele nicht erwachsene Männer haben mehr Kontakt zu einem Elternteil oder beiden als sie selbst wollen oder als es ihrer Partnerbeziehung guttut. Es ist eben, wie im Experiment Nr. 1, die beste Lösung. Denn würde der Betreffende sich anders verhalten, würde er vermutlich heftige Schuldgefühle verspüren. Schuldgefühle, die vielleicht mit der realen Mutter gar nichts zu tun haben. Oder aber Schuldgefühle, die einem die Mutter ein Leben lang einimpfte. Entsprechende Botschaften können lauten:

- ☐ »Wir hatten ja damals gar nichts, als du klein warst.«
- ☐ »Wenn du nicht gekommen wärst, hätte ich weiter studiert und wäre heute eine erfolgreiche Rechtsanwältin.«
- ☐ »Genieß du nur dein Leben, unsereiner braucht ja nichts mehr.«
- ☐ »Du warst schon als kleiner Junge ein mords Egoist. Wie dein Vater übrigens.«

Schuldgefühle können quälend sein und einem einen Großteil des Lebens vermiesen. Deshalb hier einige klärende Anregungen von mir:

Es ist völlig in Ordnung, den Eltern etwas zurückzugeben, wenn Sie das möchten. Eltern sind eben auch Menschen und freuen sich über Anerkennung, Zuwendung und Zeit, die man ihnen schenkt. Doch macht es einen großen Unterschied, aus welchem Gefühl und Motiv heraus Sie das tun. Schuldgefühle sind keine gute Motivation.

Manche Eltern neigen dazu, ihrem Kind – egal ob klein oder groß – Schuldgefühle zu machen. Sie haben meist Schwierigkeiten damit, ihr Kind als einen eigenständigen, von sich getrennten Menschen zu empfinden. Vielmehr sehen sie im anderen unbewusst mehr eine Fortsetzung der eigenen Person. Deswegen stellen sie auch oft Forderungen an ihren Sohn oder formulieren Klagen, hinter denen eigentlich Wünsche stecken.

Der Nachteil von Wünschen ist, dass man sie ablehnen kann. Ein Wunsch stellt eine Bitte dar, was jemand gerne hätte, und eine Bitte kann man abschlagen. Eine Forderung kann man nicht abschlagen, da hier eine Leistung vorausging, die man empfangen hat. Eine Rechnung ist kein Wunsch nach einer Zahlung, sondern eine Zahlungsaufforderung, weil zuvor eine Leistung in Form eines Produkts oder einer Dienstleistung geliefert wurde. Doch dass Ihre Mutter Sie auf die Welt brachte und – zusammen mit Ihrem Vater – großzog, ist keine Leistung, für die Sie etwas zurückgeben *müssen*. Denn was Ihre Mutter für Sie 20 Jahre getan hat, können Sie ohnehin niemals ausgleichen. Jedenfalls nicht an ihr.

Ich bin der Meinung, dass wir unseren Eltern nichts schulden. Was Eltern für einen als Kind und Jugendlichen tun, ist ein enormer Aufwand an Zeit, Geld, Energie, aufgegebenen Wünschen, versäumten Gelegenheiten usw. Der Weg, wie man etwas zurückgeben kann, was man von seinen Eltern bekommen hat, besteht darin, dass man es seinem eigenen Kind weitergibt. Aber nicht den Eltern.

Ich bin auch noch aus einem anderen Grund gegen unangemessene, falsche Schuldgefühle. Schuldgefühle sind angemessen, wenn jemand etwas Schlimmes getan hat und somit schuldig geworden ist. Der gerechte Weg dafür ist, Buße zu tun, also sich zu entschuldigen oder die entsprechende Strafe auf sich zu nehmen. Im Strafrecht ist die Schuld damit beglichen.

Mit den Schuldgefühlen den Eltern gegenüber ist es aber anders. Denn diese »Schuld« meint ja eine moralische Schuld. Und wann ist diese Schuld beglichen? Sie ahnen es vielleicht: nie! Und welche Schuld hat man eigentlich als Erwachsener begangen? Dass man wuchs, älter wurde und irgendwann sein eigenes Leben führen will? Darin kann ich keine Schuld sehen. Es ist der Sinn der Evolution. Und war hoffentlich auch der Wunsch Ihrer Eltern.

Damit ich nicht missverstanden werde. Es ist völlig in Ordnung, Ihren Eltern eine Freude zu machen, mit ihnen in Urlaub zu fahren, sie zu besuchen und mit ihnen zu telefonieren – wenn es Ihnen auch Freude oder zumindest ein gutes Gefühl beschert. Aber nicht aus Schuldgefühlen, sondern weil sie etwas zurückgeben *wollen* – nicht müssen. Und das ist ein großer fühlbarer Unterschied. Fühlbar für Sie – und sicher auch für Ihre Eltern.

Experiment Nr. 3: Mit Männern Zeit verbringen

In seinem Buch »Männerseelen« beschreibt Björn Süfke das Dilemma vieler Männer bei der Entwicklung der männlichen Identität. Während Mädchen durch die Nähe zur Mutter von Anfang an ein deutliches Vorbild haben, wie sie werden können, fehlt kleinen Jungen diese Erfahrung. Sie können nur »beschließen«, anders zu werden, um ein Junge zu werden. Deshalb ist ja auch der Vater im frühen Kontakt mit Kindern so wichtig.

Doch wie viel Kontakt hat ein kleiner Junge mit seinem Vater oder mit anderen Männern, die ihm als Vorbild dienen könnten? Traditionellerweise ist der Junge den Hauptteil des Tages mit der Mutter zusammen. Kommt er in den Kindergarten, trifft er fast ausschließlich auf weibliche Kindergärtnerinnen. In der Grundschule genauso und auch in allen weiterführenden Schulen sind männliche Lehrer seltener als Frauen.

Doch wie ein Mann ist, lernt man nicht von Frauen. Man lernt es von anderen Männern – oder eben nicht. Deshalb hier Experiment Nr. 3, das ich Ihnen gleich vorschlagen werde. Sie sollen bitte wieder achtsam beobachten, welche inneren Reaktionen bei Ihnen ablaufen – Körperempfindungen, Gefühle und Gedanken, wenn Sie den Vorschlag lesen.

Jetzt kommt der Vorschlag:

> »Verbringen Sie privat Zeit mit Männern.«

Welche Reaktionen konnten Sie diesmal feststellen? Angenehme oder eher unangenehme? Ratlosigkeit, Freude, Neugier oder Ablehnung? Was könnten Ihre Reaktionen bedeuten? Wie verstehen Sie sie?

Mit privater Zeit meine ich die Möglichkeit, mit einem anderen Mann oder mit mehreren Männern persönlich zu werden. Das ist im Geschäftsleben mit seinen oft vorherrschenden Konkurrenz- und Mannbarkeitsritualen schwer möglich. Dort muss man meistens stark sein, darf kaum Gefühle zeigen, muss eben »seinen Mann stehen«.

Doch was tun Männer, wenn sie Kummer haben oder jemandem ihr Herz ausschütten wollen? Richtig, sie gehen joggen oder ziehen sich in den Hobbykeller zurück. Und manchmal erzählen sie auch ihrer Partnerin etwas, nachdem diese dreimal gefragt hat: »Was hast du denn?«

Das ist auch gut, aber zum einen erfahren Männer bei ihrer Partnerin die weibliche Sicht und Art, mit etwas umzugehen. Auf der anderen Seite lädt es den Frauen zu viel Beziehungsarbeit auf. Wir Männer sollten uns selbst um unsere Gefühle und inneren Konflikte kümmern und nicht unsere Frauen unseren Gefühlshaushalt in Ordnung bringen lassen.

Das Problem dabei ist, dass Männer generell weniger Freunde haben als Frauen. Und sie reden mit ihren Freunden auch selten über Persönliches. Sie reden über Fußball, den Ärger im Geschäft oder zeigen ihr neues Handymodell. Aber Privates? Privat ist meist alles in Ordnung. Auch wenn es am Vorabend einen Riesenstreit gegeben hat oder man seit Wochen keinen Sex mehr hatte oder der Arzt beim Checkup ein ernstes Gesicht machte.

Männer mögen nicht über Probleme reden, wenn es keine schnelle Lösung gibt. Sie können stunden- und tagelang an einem verrosteten Oldtimer herumschrauben, weil sie wissen, dass es eine Lösung gibt und dass sie sie finden werden. Man braucht nur Geduld. Hier erleben sich Männer meistens selbstwirksam. Doch in persönlichen Dingen klappt dieser Lösungsweg nicht. Man kann ein privates Problem nicht wie einen kaputten Motor zerlegen und dann Stück für Stück reparieren. Probleme im persönlichen Bereich sind nicht linear und logisch angelegt, sondern eher vernetzt, komplex.

Frauen wissen das, sie tauschen sich über ein Problem mit ihren Freundinnen aus, kommen nach Hause und fühlen sich besser. Das Problem besteht vielleicht auf der sachlichen Ebene noch immer, aber der Frau geht es besser. Deswegen wollen ja Frauen mit ihren Männern auch gern reden: Sie glauben, dass solange man miteinander auch über Schwieriges reden kann, die Beziehung noch in Ordnung ist. Männer denken aber über Gespräche in der Beziehung ganz anders: Wenn man dauernd über alles reden muss, dann stimmt was nicht mit der Beziehung. Entweder es klappt oder es klappt eben nicht. Reden bringt da auch nichts.

Die Erfahrung des persönlichen Austausches fehlt uns Männern meistens. Männer wollen nur über etwas reden, wenn es eine Lösung gibt. Nur über etwas zu reden und am Ende besteht das Problem weiter, aber man fühlt sich besser, weil man darüber gesprochen hat, das ist uns suspekt.

Aber zurück zum Experiment: Vielleicht haben Sie sich dabei nicht wohlgefühlt. Vielleicht kommt Ihnen der Kontakt oder das Zusammensein mit einem Mann oder mehreren Männern irgendwie seltsam vor. Weil Sie sich entweder dauernd mit anderen Männern vergleichen und sich dabei haushoch überlegen finden oder hoffnungslos unterlegen. Vielleicht langweilen Sie sich auch, weil Ihnen das Gespräch eher wie leeres Gerede vorkommt oder abgehobenes Theoretisieren. Vielleicht ist es Ihnen aber auch zu nah, Sie spüren, dass alle möglichen Gefühle in Ihnen angesprochen werden. Sie könnten diesen Gefühlen achtsam nachspüren. Und vielleicht mögen Sie sich doch darauf einlassen, mehr private Zeit mit Männern zu verbringen.

Experiment Nr. 4: Sorgen Sie besser für Ihren Körper

Das 4. Experiment, das ich Ihnen vorschlage, lautet:

> »Sorgen Sie besser für Ihren Körper!«

Für ein Frauenleben galten früher häufig die drei Ks: Kinder, Küche, Kirche. Dank der Frauenbewegung wurden diese traditionellen Wertvorstellungen mit der Zeit abgebaut. Heute geht es bei Frauen mehr um den Konflikt zwischen Kindern, Küche und Karriere. Doch für das durchschnittliche Männerleben gilt gemeinhin eine ganz andere Dreierfolge: Konkurrenz, Karriere, Kollaps.

Das zeigt wieder einmal die Untersuchung der Deutschen Angestellten Krankenkasse (DAK) in ihrem Gesundheitsreport 2008 über die Männergesundheit. Welche erschreckenden Folgen für Männer diese einseitige Ausrichtung auf »männliche« Werte hat, zeigen nüchterne Statistikzahlen:

- Männer wiesen fünfmal mehr Krankheitstage wegen Herzinfarkt auf als Frauen.
- An Lungenkrebs und Leberzirrhose starben doppelt so viele Männer wie Frauen.
- Wegen Schlafstörungen waren Männer fünfmal so häufig im Krankenhaus wie Frauen.
- Wegen Depressionen stieg die Zahl der Fehltage von Männern seit dem Jahr 2000 um 18 Prozent.

Woran liegt das? – Es sind vor allem die verinnerlichten Geschlechterrollen, die ein angemessenes Gesundheitsverhalten ermöglichen bzw. erschweren:

- Männer sind öfter als Frauen in *Unfälle* verwickelt, denn sie betreiben häufiger Sportarten mit hohem Verletzungsrisiko. Verrenkungen des Sprung- oder Kniegelenkes sowie Frakturen von Händen, Füßen und im Schulterbereich sind bei Männern im Schnitt mehr als doppelt so häufig wie bei Frauen.
- *Lungenkrebs* ist nicht nur extrem gefährlich, er betrifft auch fast doppelt so viele Männer wie Frauen. Männer rauchen nicht nur häufiger, sie gehen auch seltener zum Arzt. Auch Prostata- und Darmkrebsvorsorge nehmen viele Männer auf die leichte Schulter. Nur jeder Vierte lässt regelmäßig die empfohlenen Untersuchungen durchführen.
- Männer kompensieren *Stress* und Probleme häufig auf besonders ungesunde Weise. Viele greifen beispielsweise zum *Alkohol*. Zwischen 40 und 45 Jahren ist die alkoholische Leberkrankheit bei Männern die häufigste Todesursache. Dazu kommt, dass der Alkohol häufig weitere Probleme verursacht, wie etwa psychische Konflikte, Streit in der Familie oder Job-

verlust, was sich wiederum negativ auf die Gesundheit auswirkt.
- Auch um *gesunde Ernährung* machen sich Männer typischerweise wenig Gedanken. Fast jeder Dritte sagt: »Hauptsache, es schmeckt!« Tatsache ist aber: Eine ausgewogene Ernährung schützt vor schlechten Cholesterinwerten und Arterienverkalkung und verringert das Risiko von Diabetes, Herzinfarkt und Schlaganfall.
- *Konflikte* am Arbeitsplatz oder in der Familie machen die meisten Männer allein mit sich selbst aus. Das verstärkt den Druck und kann mittelfristig zu *Depressionen* und anderen ernsten Krankheiten führen.

Speziell das Depressionsrisiko wird bei Männern zumeist unterschätzt, sowohl von den Betroffenen als auch von Fachleuten. Bei Frauen werden wesentlich häufiger Depressionen diagnostiziert, obwohl Männer mit 63 Prozent aller Sterbefälle durch Suizid mehr als die Hälfte ausmachen. Das hängt damit zusammen, dass die männertypischen Symptome einer Depression, wie aggressives Verhalten, Feindseligkeit, Gereiztheit, Unruhe oder geringe Stresstoleranz häufig von Hausärzten nicht als ernst zu nehmende Signale erkannt werden.

Was steckt hinter diesem Männlichkeitswahn, der solche gravierenden gesundheitlichen Folgen hat? Es sind meiner Ansicht nach vor allem zwei Einstellungen bzw. Verhaltensweisen:

1. Belastungen oder mögliche Gefahrensignale werden falsch interpretiert.

Diese Signale werden nicht als nützliche Hinweise für eigene Grenzen gesehen, sondern als Herausforderung interpretiert, diese Grenzen »tapfer« zu überschreiten nach der Devise: »Das wollen wir doch mal sehen.«

Kein Mann würde bei einem Warnsignal seines Autos, zum Beispiel, wenn die Öldrucklampe während der Fahrt aufleuchtet, sagen: »Das wird schon wieder!« oder »Ich hab jetzt keine

Zeit für so was!«; sondern er würde vorsichtig fahrend die nächste Werkstatt ansteuern. Doch körperliche Warnsignale übergehen viele Männer vollkommen fahrlässig und verantwortungslos.

2. Wir Männer sind dauernd damit beschäftigt, unsere männliche Identität zu stabilisieren.
Sozialisations- und erziehungsbedingt tun wir das häufig, indem wir beweisen wollen, dass wir stark, unverletzlich und unfehlbar sind. Deswegen können wir ja auch gemeinhin schlechter als Frauen mit Kritik oder Niederlagen umgehen. Mit diesem »Stark-sein-Wollen« nach dem Motto »Ich bin doch kein Weichei, Parkhausblinker, Schattenparker« stabilisieren Männer also oft die eigene männliche Identität.

Dies lässt sich verstehen als ein Akt der Selbstvergewisserung.

Da Identität ein fragiles Konstrukt ist, muss sie immer wieder gestützt werden. Was wir dabei als unterstützend und was wir als destabilisierend erleben, hängt mit der persönlichen Landkarte zusammen, die man dazu hat.

Dabei gilt: Je unsicherer man der eigenen Identität ist, umso mehr ist man auf die Stützung durch entsprechende Symbole angewiesen. Und umso mehr müssen Elemente, die man als schwächend für die eigene Identität erlebt, abgewehrt werden.

☐ So haben beispielsweise machtbewusste kleine Männer meist große Frauen.
☐ Fast die Hälfte der deutschen Top-Manager ist größer als 1,90 Meter, obgleich die Durchschnittsgröße deutscher Männer bei 1,77 Metern liegt.
☐ Der Anteil der Väter, die in Deutschland die bezahlte Elternzeit – gern als »Wickelvolontariat« verspottet – wählen, ist bei Männern und ihren männlichen Vorgesetzten im Vergleich zu den skandinavischen Ländern noch deutlich steigerungsfähig.

All die oben erwähnten Gesundheitsrisiken, denen Männer sich aussetzen, dienen also auch der Stabilisierung der männlichen Identität. Alles was dabei als umsichtig oder gar besorgt gelten könnte, muss erst mal ausgeblendet werden. Die Scheu vieler Männer, eigene Grenzen der Kraft, der Energie, der Beanspruchung angemessen zu berücksichtigen, gilt als unmännlich. Die regelmäßige Autoinspektion wird penibel eingeplant. Der jährliche Checkup für die Gesundheit wird dagegen oft nicht gemacht.

Die Heidelberger Psychologie-Professorin Monika Sieverding forscht seit Jahren über die Akzeptanz von Vorsorgemaßnahmen.[6] »Männer sind Vorsorgemuffel« ist ihr Ergebnis. Vorsorge habe bei ihnen ein schlechtes Image. Wer beispielsweise Prostata und Darm regelmäßig untersuchen lässt, gilt laut der Studie als »ängstlich« und »unmännlich«. Das erinnert mich an den bekannten Rennfahrerspruch: »Wer bremst, hat Angst.«

»Die ersten 40 Jahre macht man Karriere auf Kosten seiner Gesundheit. Die nächsten 40 Jahre hat man dann enorme Kosten, um die lädierte Gesundheit halbwegs zu erhalten«, lautete die Erkenntnis eines Seminarteilnehmers.

Um die Gesundheit zu erhalten, müssen wir Sport treiben. »Bis zum Alter von 40 gibt uns die Natur Kredit. Spätestens dann müssen wir aktiv werden«, hörte ich mal von einer Fitnesstrainerin. Von den motorischen Fähigkeiten nimmt die Ausdauer im Alter am wenigsten ab, wohl aber Kraft und Koordination. Daher sollte man diese Fähigkeiten auch am stärksten trainieren. In Untersuchungen zeigte es sich, dass sogar bei über 90-Jährigen die Maximalkraft der Muskulatur sich bereits nach wenigen Wochen eines systematischen Krafttrainings über 100 Prozent steigern ließ.

Vor allem das Krafttraining mit Gewichten oder an Geräten wurde in den letzten Jahren rehabilitiert. Früher galten die »Mucki-Buden« ja eher als Heimstatt für selbstunsichere Kraftprotze mit dem Etikett »Viel Muskeln – wenig Hirn«. Doch wer hätte gedacht, dass aus einem Bodybuilder aus der Steiermark mal der Gouverneur von Kalifornien werden würde.

Über die segensreiche *Wirkung regelmäßigen Krafttrainings* haben Mediziner und Sportwissenschaftler Erstaunliches herausgefunden. Erwachsene ab 30 Jahren verlieren demnach alle zehn Jahre im Schnitt drei Kilo Muskelmasse. Darin wird der Hauptgrund für Übergewicht in den mittleren Jahren gesehen. Denn Muskelfasern verbrauchen viel Energie. Wer seine Muskeln trainiert, hat also einen höheren Energieumsatz.

Aber regelmäßiges Krafttraining hat noch mehr positive Effekte:

☐ *Der Körper profitiert:*
Es stärkt Knochen und mindert die Schmerzen bei Gelenkerkrankungen.
Es stärkt die Sehnen und kann dabei die Haut straffen.
Es vermehrt die Zahl der Stammzellen und verjüngt so das Gewebe.
Es stärkt die Muskeln und hilft so im Alter, gefährliche Stürze zu vermeiden.

☐ *Krankheiten werden vermieden oder gelindert:*
Intensive körperliche Bewegung mindert die Gefahr der Arteriosklerose bei Übergewicht.
Auch bei Herzinsuffizienz verordnet man seit einigen Jahren dosiertes Krafttraining.
Die Entstehung von Diabetes kann dadurch verhindert werden.
Bei leichtem Bluthochdruck hilft ein körperliches Training meist ebenso gut wie ein Medikament.

☐ *Gehirn und Lebensgefühl werden positiv beeinflusst:*
Sportliche Alte (um die 70 Jahre) waren in ihrer Hirnaktivität 30-Jährigen ähnlicher als untrainierten 70-Jährigen.
Muskelsignale beeinflussen auch dauerhaft die Stimmung. Das erklärt die antidepressive Wirkung von Sport.

Das Experiment Nr. 4 lautet also:

> *»Sorgen Sie besser für Ihren Körper.«*

Natürlich steht es Ihnen völlig frei, ob Sie das tun und was Sie darunter verstehen. Doch es geht in diesem Buch darum, wie Männer erwachsen werden können bzw. wie sie das vermeiden oder verweigern. Sich nicht um seinen Körper zu kümmern, halte ich für ein Zeichen von Nichterwachsensein. Denn was steckt dahinter, wenn ein Mann zwar penibel täglich das Virenschutzprogramm für seinen PC aktualisiert, aber die freundlichen Einladungen der Krankenkasse zur Vorsorgeuntersuchung achtlos wegwirft?

Ich glaube, dahinter steckt zum einen die unbewusste Hoffnung, dass das jemand anderes machen solle. Jemand solle für einen sorgen, so wie früher die Mutter den warmen Schal rauslegte, wenn es kalt war. Natürlich hat man ihn erst verächtlich zurückgewiesen – »Brauch ich nich!« –, aber als man dann merkte, wie verdammt kalt es war, war man doch froh, ihn dabeizuhaben.

Zum anderen stehen hinter der Selbstvernachlässigung narzisstische Größenfantasien. Theoretisch weiß zwar jeder Mann, dass die Kombination von Rauchen, ungesundem Essen und null Bewegung sich nach einiger Zeit rächen wird. So wie jeder Mann, der seinen Garten pflegt, vermutlich den Rasen mäht, die Beete düngt und den Schildläusen auf dem Rosenbusch zu Leibe rückt und derlei Vorsorgemaßnahmen nicht unmännlich findet, sondern vernünftig.

Aber im Garten muss der Mann nichts beweisen nach dem Motto: »Wer düngt, hat Angst.« Zum Beispiel davor, mit dem kümmerlichen Wuchs seiner Buchsbäumchen konfrontiert zu werden. Aber beim Mann-Sein müssen wir oft noch etwas beweisen. Und da gilt der Satz: »Tatsachen muss man nicht beweisen.«

Ob Sie sich jetzt zur Vorsorgeuntersuchung anmelden oder ihr Fahrrad aus dem Keller hochholen oder ab morgen eine Viertelstunde joggen – was auch immer: Ihrem Körper wird es guttun. Und die ganze Sache ist ja als Experiment gedacht. Meinetwegen nur 30 Tage lang. Sie brauchen das nicht ein Leben lang zu machen. Sie sollen durch das Experiment, besser für Ihren Körper zu sorgen, herausbekommen, was es mit Ihnen macht.

PS: Vielleicht wollen Sie wissen, was ich auf dem Gebiet tue. Ich achte sehr auf Ernährung, trinke aber zu oft Rotwein. Seit längerer Zeit trainiere ich im Kieser-Studio in Heidelberg. (Ich bekomme keine Prozente für diese PR.) Zuerst war ich entsetzt, als ich das trainierende Publikum sah. Lauter alte Leute! Ich kam mir vor wie in der Reha-Abteilung eines Sanatoriums. Bis mir dann bei den nächsten Besuchen auf wundersame Weise auffiel, dass es überwiegend Menschen meiner Altersgruppe waren. Mittlerweile gehe ich dreimal die Woche hin, und es bekommt mir prächtig. Ich fühle mich danach wacher, aufrechter und insgesamt gestärkter.

Experimente zur Identität – für Männer

Die folgenden Experimente sind die wichtigsten dieses Buches. Das Lesen bis hierher und die Experimente zur Ablösung haben Ihnen hoffentlich zu einigen Einsichten verholfen. Aber Einsicht ist noch nicht Veränderung. Um etwas zu verändern, müssen Sie aus Ihrer persönlichen Komfortzone heraus. Dass Rauchen schädlich ist, wissen alle Raucher. Mit dem Rauchen aufzuhören ist aber etwas ganz anderes.

Die folgenden Experimente zielen auf Ihre Glaubenssätze. Das sind jene Überzeugungen, die Sie – meist vor langer Zeit und unbewusst – gebildet haben und die bis heute Ihr Denken,

Fühlen und Verhalten maßgeblich steuern. Diese Glaubenssätze in sich aufzuspüren ist nicht leicht. Aber mit den folgenden Experimenten ist es möglich. Diese Glaubenssätze schrittweise zu verändern ist noch einmal schwerer. Aber wenn Sie es wirklich wollen, werden Sie es schaffen: mithilfe dieses Buches, das Ihnen den Weg zeigt, und mithilfe Ihrer eigenen Entschlossenheit.

In meinen Seminaren nutze ich bisweilen folgenden Satz zum Thema Veränderung: »Wer etwas will, findet Wege. Wer etwas nicht will, findet Gründe.«

Das heißt, wer etwas will, denkt automatisch lösungsorientiert. Er sucht einen Weg, wie es gehen kann, trotz der Schwierigkeiten. Denken Sie einmal daran zurück, was Sie bisher in Ihrem Leben wirklich wollten: Ihre Ausbildung, ein neues Auto, Ihre Frau etc. Trotz irgendwelcher Hindernisse haben Sie nicht lockergelassen, sich damit beschäftigt und letztendlich einen Weg gefunden, es zu erreichen. Wer etwas will, findet Wege.

Wer dagegen etwas nicht will, weil ihm andere das, was er glaubt zu wollen, eingeredet haben, oder weil es ihm der eigene Anspruch diktiert, der findet keine Wege. Stattdessen findet er gute Erklärungen, Entschuldigungen und Ausreden, warum es nicht geht. Wenn Sie also etwas verändern wollen, weil Sie es wollen, werden Ihnen die folgenden Experimente helfen. Aber klären Sie vorab, ob Sie es wirklich wollen: Schon Jahre oder Jahrzehnte leben Sie so. Wenn Sie sich wirklich von Ihren Eltern ablösen, wird das einiges in Ihrem Leben verändern.

Wollen Sie das wirklich? Wenn ja, dann lesen Sie weiter.

Experiment Nr. 1: Woher kommt Ihr Männerbild?

Die Experimente des vorhergehenden Kapitels sollten Ihnen erste Aufschlüsse geben, ob und in welchen Bereichen Sie konflikthafte Themen haben. Jetzt geht es darum aufzuspüren, wie es bei Ihnen dazu kam.

In der Regel wird das eigene Männerbild durch den Vater geprägt. Durch seine Eigenschaften, seine Fähigkeiten und Fehler lernen wir von klein auf, wie ein Mann ist. Einfach dadurch, dass wir täglich mit ihm zu tun haben. Als kleiner Junge denkt man ja nicht daran, dass es Milliarden Männer auf der Welt gibt und dass die vermutlich ganz anders sind, sondern dieser eine Mann ist prägend für uns. Auch weil wir – ähnlich wie von der Mutter – von ihm abhängig sind und mit ihm auskommen müssen.

Zeigt der Vater nun Eigenschaften und Verhaltensweisen, die einem als Junge imponieren, die man bewundert oder gut findet, ist es möglich, sich mit ihm zu identifizieren, ihm nachzueifern oder es ihm gleichzutun.

Mein Vater war Automechaniker und hat sich in vielen Jahren zum Autoverkäufer bei Volkswagen hochgearbeitet. Als ich acht Jahre alt war, sprachen wir mal darüber, wie wichtig der Beruf im Leben ist. Dabei machte er einen Ausspruch und eine begleitende Geste, die mich mein Leben lang geprägt und beeinflusst hat. Er zeigte zuerst auf seinen Daumen und dann auf seinen Oberarm und meinte dazu: »So viel gedacht – ist so viel geschafft!«

Dass ich dieses Buch hier schreibe, hat sicher auch etwas mit seinem Hinweis auf die Bedeutung geistiger Arbeit zu tun.

Identifikation ist also eine wichtige Quelle der eigenen Identitätsentwicklung. Natürlich speist sich diese nicht nur aus der Identifikation mit dem Vater, sondern auch mit anderen männlichen Vorbildern wie Onkel, Großvater, Bruder, Nachbar, Lehrer usw. Und neben realen Personen sind hierbei auch männliche Vorbilder aus Märchen, Geschichten, Büchern, Filmen etc. wichtig. Hierzu einige Fragen an Sie:

☐ Welche Eigenschaften haben Sie von Ihrem Vater?
☐ Welche Verhaltensweisen haben Sie von ihm?
☐ Welche Redensarten oder Sprüche von ihm fallen Ihnen ein?
☐ Welche Hobbys haben Sie von ihm übernommen?

- ☐ Welche Vorlieben und Abneigungen haben Sie von ihm?
- ☐ Welche anderen Männer aus Ihrer Kindheit haben Sie geprägt?
- ☐ Welche Hauptfigur aus Buch, Film oder Geschichte hat sie beeindruckt?

Doch natürlich haben Väter auch Eigenschaften, die für die Beziehung der Eltern oder zum Sohn ungünstig oder negativ sind. So gibt es Väter, die ihre Frau oder die ganze Familie dominieren wollen durch herrisches Auftreten, zynisches Verächtlichmachen oder Prügel. Auch wenn der Vater Alkoholprobleme hat, lange depressiv ist oder immer wieder keine Arbeit hat, sind das für jedes Kind Einflüsse, denen er sich nicht entziehen kann und für die es eine »Überlebensstrategie« braucht.

Als ich mit einem Vorstandsmitglied eines größeren Unternehmens nach den Quellen seines intern als »gnadenlos-aggressiv« bekannten Führungsstils forschte, berichtet der Mann unter Tränen von der samstäglichen Tracht Prügel durch seinen Vater mit einem Ledergürtel. Auf meine Frage, was er in solchen Situationen gedacht und gefühlt habe, antwortet er: »Ohnmächtige Wut. Und dass es mir nie wieder im Leben passieren wird, dass jemand stärker ist als ich.«

Finden Sie Ihr eigenes Männerbild

Beantworten Sie die folgenden Fragen schriftlich – gleich hier in diesem Buch. Das Niederschreiben hat den Vorteil, dass Sie präziser sein müssen, als wenn Sie die Fragen nur gedanklich beantworten. Sie können zudem Ihre Antworten später noch einmal anschauen, verändern oder ergänzen.

Denken Sie an Männer, die für Sie die Männlichkeit ausstrahlen, die Sie anstreben. Nehmen Sie sich Zeit, darüber nachzusinnen, welche Männer – in ihrer Vorstellung – für Sie das haben, was Sie glauben, noch nicht zu haben. Egal ob Sie Al Pacino, Nelson Mandela, Arnold Schwarzenegger oder Ihren besten

Freund nehmen. Es geht nicht darum, wie diese Männer tatsächlich sind. Hier geht es darum, was der jeweilige Mann für Sie – symbolisch – repräsentiert. Denn das ist die Quelle von Männlichkeit, die Sie für sich erschließen können.

Also schreiben Sie hier die Namen von mindestens drei Männern auf:

Jetzt schreiben Sie bitte auf, was einen oder mehrere dieser Männer in Ihren Augen so männlich macht. Was machen sie anders als Sie? Was tun sie nicht?

Zur Unterstützung der Auseinandersetzung mit den obigen Fragen, tun Sie bitte Folgendes: Besorgen Sie sich ein Bild von jenem Mann, den Sie am männlichsten finden. Und stecken Sie es in Ihre Brieftasche, aber erzählen Sie niemandem etwas davon – natürlich auch nicht Ihrer Frau.

Und schauen sie jeden Tag ab und zu den Mann auf diesem Bild an. Oder denken Sie daran, dass Sie sein Bild in Ihrer Brieftasche tragen. Lassen Sie es auf sich wirken. Und versuchen Sie zu beschreiben, was es Positives in Ihnen auslöst. Unterbrechen Sie Gedanken wie »So werde ich nie sein!« und Ähnliches. Konzentrieren Sie sich darauf, was dieser Mann an Männlichem für Sie symbolisiert. Beantworten Sie zum Beispiel folgende Fragen:

- ☐ Was würde ... (Ihr Männervorbild) in dieser Situation ... (an die Sie gerade denken) tun?
- ☐ Und was würde er ganz bestimmt nicht tun?
- ☐ Worauf würde er am meisten achten?
- ☐ Was wäre ihm vor allem wichtig?
- ☐ Und was wäre ihm ziemlich egal?

Wieder kommt es nicht darauf an, was der betreffende Mann in der Realität tun oder lassen würde. Bei diesen Fragen geht es nur um Sie! Und darum, herauszufinden, was Sie möchten. Darum, was Sie schon spüren oder wissen, wie Sie gerne handeln würden – es sich aber noch nicht getrauen.

Dazu braucht Ihr Gehirn Bilder! Mit dem Begriff »Mann« oder »erwachsen« oder »Männlichkeit« kann es nichts anfangen. Und Sie haben zu jedem dieser Begriffe Bilder im Kopf, allerdings, wenn Sie dieses Buch lesen, vermutlich keine allzu günstigen. Und jetzt geht es darum, Ihr eigenes Männerbild, Ihre eigene Form von Erwachsensein zu finden und umzusetzen.

Befassen Sie sich bitte mit noch einer weiteren Frage zur Klärung Ihrer männlichen Identität. Es ist die sogenannte *Wunder-Frage*. Suchen Sie sich einen stillen Platz und sorgen Sie dafür, dass Sie fünf Minuten ungestört sind. Dann konzentrieren

Sie sich bitte darauf, was Sie in Ihrem Leben zum Thema »Mannsein« oder »Beziehungen« verändern wollen. Wenn Sie das geklärt haben und möglichst in einem Satz ausdrücken können, gehen Sie weiter zur Wunder-Frage:

Stellen sie sich vor, heute Nacht würde ein Wunder in Ihrem Leben geschehen. Das Wunder besteht darin, dass Ihr Problem (mit Mannsein, in Beziehungen, mit der Ablösung von Ihren Eltern etc.) auf einen Schlag gelöst ist.

Nachts schlafen Sie aber. Das heißt, Sie kriegen nicht mit, wodurch das Wunder geschieht – dass da eine Fee an Ihr Bett trat oder der Blitz einschlug. Aber eines steht fest: Das Wunder passiert!

Jetzt kommt die entscheidende Frage:

> »Woran würden Sie ab morgen merken,
> dass das Wunder geschehen
> und Ihr Problem gelöst ist?«

Achten Sie einfach darauf, was Ihnen alles einfällt:

- ☐ Was würden Sie anders machen?
- ☐ Wie würden Sie sich anders verhalten?
- ☐ Was würden Sie anfangen?
- ☐ Womit würden Sie aufhören?
- ☐ Was würden Sie nicht mehr tun?

Wichtig dabei ist: Es geht nicht um Gefühle wie »Ich würde mich männlicher fühlen«. Sondern es geht bei der Wunder-Frage, darum, was Sie anders *tun* würden. Es geht um Ihr konkretes Verhalten. Es geht auch nicht darum, was ein anderer tun oder wie ein anderer reagieren würde. Darauf haben Sie wenig Einfluss. Bei der Wunder-Frage geht es nur darum, was *Sie* tun würden.

Sinnvolle, weiterführende Fragen dazu sind auch:

☐ Woran würde Ihre Partnerin merken, dass das Wunder geschehen ist?
☐ Woran würden es Ihre Eltern (Ihre Mutter, Ihr Vater) merken?
☐ Woran würde es Ihr Chef merken? Woran Ihre Kollegen, Kunden etc.?

Das »Wunder« der Wunder-Frage besteht darin, dass es Sie in Kontakt bringt mit Ihren Wünschen, Ihren Bedürfnissen. Dass es Ihnen helfen kann, einzugestehen, was Sie wollen – und was Sie nicht mehr wollen.

Experiment Nr. 2: Schreiben Sie einen Brief

Wie macht man seinen Frieden mit den Eltern, wenn dies in der Realität nicht mehr möglich ist? Vielleicht ist der Vater oder die Mutter aufgrund des hohen Alters oder einer Erkrankung zu derlei Gesprächen nicht mehr in der Lage. Vielleicht ist sie oder er schon vor vielen Jahren gestorben. Vielleicht scheiterten verschiedene Gesprächsversuche daran, dass Ihre Eltern nicht hören konnten oder wollten oder alles abstritten.

Natürlich ist es schön, wenn man als Erwachsener die Möglichkeit findet, sich real mit den Eltern auszusprechen, mit seinen Erinnerungen und Gefühlen angehört und nicht nur abgewehrt wird. Häufig hören Männer, die sich überwunden haben, noch einmal einen Gesprächsversuch zu unternehmen, jedoch Antworten wie

☐ »Das bildest du dir doch alles ein.«
☐ »Das war damals eine harte Zeit.«
☐ »Hab du selbst erst mal Kinder, dann wirst du verstehen …«
☐ »Das ist doch so lange her.«
☐ »Hast du wieder ein psychologisches Buch gelesen?

Oft tut es auch den Eltern gut, Verschiedenes in der Vergangenheit noch einmal zu reflektieren. Wenn so ein Gespräch weniger von gegenseitigen Schuldzuweisungen, sondern vom Bemühen um Verständnis geprägt ist, kann es für beide Seiten ungemein bereichernd sein.

Doch oft ist so ein Gespräch zwischen Eltern und Kindern nicht möglich. Aber: Sie brauchen Ihre realen Eltern auch nicht, um sich von ihnen abzulösen. Denn Sie haben sie längst verinnerlicht. Sie kennen ihre Argumente, ihren Gesichtsausdruck, ihren Tonfall bei bestimmten Themen. Das merken Sie auch daran, dass beispielsweise aus dem Vater, unter dessen Aggression Sie in Ihrer Jugend stark gelitten haben, mit dem Alter vielleicht ein ganz sanfter Mann geworden ist. Während Sie noch jedes Mal an die Decke gehen, wenn Ihnen gegenüber jemand einen harschen Ton anschlägt. Die verinnerlichten Bilder unserer Eltern wirken stärker als die realen Personen heute. Deshalb ist die folgende Methode äußerst wirksam, um etwas mit einem Elternteil zu klären.

Schreiben Sie einen Brief an Ihren Vater oder Ihre Mutter.

Keine E-Mail, keinen Tagebucheintrag, keinen Notizzettel. Sondern einen richtigen Brief. Beginnen Sie gleich mit der Anrede, und zwar so, wie Sie den Elternteil als Kind angesprochen haben. Also nicht »Lieber Heinz«, sondern »Lieber Papa«. Denken Sie daran, was Sie Ihrem Vater oder Ihrer Mutter noch nie gesagt haben – und dann schreiben Sie einfach drauflos. Nicht sortieren, nichts beschönigen, schreiben Sie es so auf, wie es gerade in Ihnen ist. So wie Sie mit Ihrem Vater reden würden, wenn er jetzt vor Ihnen sitzen und Ihnen tatsächlich zuhören würde.

Wenn der Anfang für sie schwer ist, weil Sie sich angespannt, aufgeregt oder komisch fühlen, fangen Sie Ihren Brief genau damit an: *»Ich fühle mich komisch, wenn ich einen Brief an dich schreibe, weil ich denke, dass du ...«* Wichtig ist, dass Sie einfach losschreiben, möglichst nichts zensieren. Wenn Sie dabei Gefühle wie Ärger, Verwirrung, Trauer, Scham etc. verspüren, schreiben Sie das mit in den Brief. Wenn Sie merken, dass Sie sich Gedanken machen, wie der Empfänger des Briefes wohl reagieren wird, wenn er das gerade liest, schreiben Sie das auch gleich mit auf.

Der Brief muss nicht auf einmal fertig werden. Sie können sich dafür mehrere Tage oder Wochen Zeit nehmen. Immer wenn Ihnen wieder etwas einfällt zum Thema »Was ich dir schon immer mal sagen wollte«, schreiben Sie weiter.

In den Brief gehören nicht nur die negativen und schmerzhaften Erlebnisse, sondern auch das Gute, das Sie von Ihrer Mutter oder Ihrem Vater bekommen haben, also das, wofür Sie dankbar sind. Aber bleiben Sie ganz ehrlich. Schreiben Sie nichts rein, weil Sie annehmen, dass das der Empfänger gerne von Ihnen lesen würde. Der Brief ist vor allem für Sie, nicht für Ihre Eltern. Er soll Ihnen helfen, sich abzulösen, indem Sie all das ausdrücken und fühlen, was Sie daran bis jetzt gehindert hat. Er soll Ihnen helfen zu erkennen, warum Sie an Ihren Eltern noch festhalten.

Wenn der Brief fertig ist, bestimmen Sie, was damit geschehen soll. In seltenen Fällen kann es gut sein, dass Sie den Brief dem Empfänger tatsächlich aushändigen. Aber das ist meist nicht nötig. Denn Ihre Eltern müssen nichts verstehen, einsehen, bereuen oder verändern. Ihre Eltern haben ihr Bestes gegeben, das Beste im Rahmen ihrer Möglichkeiten, die begrenzt waren, wie bei jedem Menschen. Dieses Beste war nicht immer das Beste für Sie. Dafür können Ihre Eltern nichts. Hören Sie auf zu richten. Sie sind erwachsen und dazu gehört, dass Sie sich ablösen. Nicht dass Ihre Mutter oder Ihr Vater Sie loslässt. Sie brauchen sie nicht mehr. Vielleicht gibt es einiges zu betrauern, was nicht so lief, wie es für Sie besser gewesen wäre. Das ist schade, gibt Ihnen aber nicht das Recht, es Ihren Eltern ein Leben lang vorzuhalten. Sie können das natürlich machen, aber die Konsequenz ist, dass Sie an Ihrem Vater, Ihrer Mutter festhalten. Und Sie wollten doch erwachsen werden.

Der Brief ist also für *Sie* gedacht. Ihnen soll dadurch etwas klar werden, wo Sie noch festhängen oder etwas festhalten. Dennoch sollten Sie den Brief nicht in eine Schublade legen oder gar fortwerfen. Expedieren Sie ihn auf eine angemessene Weise. Wenn der adressierte Elternteil verstorben ist, wäre das Grab ein guter Platz für Ihren Brief. Ansonsten verschicken Sie den Brief in einem passenden Ritual. Sie können ihn verbrennen und den Rauch in die Richtung des Empfängers schicken. Oder Sie machen daraus eine Flaschenpost. Lassen Sie sich etwas einfallen.

Ich kann Ihnen versichern, die Methode wirkt.

Experiment Nr. 3: Lösen Sie die Nabelschnur

Hier kommt ein weiteres Fantasieexperiment.

Schließen Sie für einen Moment Ihre Augen. Konzentrieren Sie sich auf Ihren Bauch und stellen Sie sich vor, dass in der Mitte Ihres Bauchs, irgendwo in der Nähe des Nabels, eine unsichtbare Schnur angebracht ist. Vielleicht ist sie dünn oder dick, aus irgendeinem Material. Das Wichtigste ist: Diese Schnur ist unsichtbar. Aber sie ist fühlbar! Wenn jemand daran zieht, sehen Sie es nicht – aber Sie spüren es ganz deutlich. Und zwar unangenehm. Es drückt in Ihrem Bauch, vielleicht spüren Sie es auch in der Brust oder im Hals.

Diese unsichtbare Nabelschnur ist also einerseits an Ihrem Bauch befestigt. Aber wer oder was ist am anderen Ende? Richtig: Es ist Ihre Mutter! Falls Sie das Gefühl haben, es ist Ihr Vater oder jemand anderes, machen Sie das Experiment mit dieser Person.

Diese zweite Nabelschnur ist unsichtbar – und elastisch. Man kann sie dehnen, aber nur bis zu einer bestimmten Grenze. Und diese Grenze spüren Sie als Mann ganz deutlich. Sie spüren sie immer dann, wenn Sie als erwachsener Mann etwas tun wollen, was Sie möchten, und Sie denken, dass Ihre Mutter – oder diese andere Person – davon nicht begeistert sein wird. Hier einige Beispiele:

☐ Ihre drei besten Freunde haben Sie zu einem Angelwochenende im Mai eingeladen. Leider fällt das Datum genau auf den Muttertag.
☐ Das Telefon klingelt. Sie nehmen ab und hören die Stimme Ihrer Mutter: »Lebt Ihr noch?«
☐ Ihre Partnerin kommt im Herbst mit der Idee, Weihnachten mal ganz anders zu verbringen als die letzten Jahre, wo Sie immer Ihre Mutter zu sich einluden. Ihre Frau hat die Idee, diesmal Weihnachten unter Palmen in der Südsee zu verbringen. Nur Sie beide. Und eventuell die Kinder.

Wenn Sie sich in diese drei Situationen hineinversetzen und dabei ein leichtes Ziehen in der Bauchgegend verspüren oder vielleicht auch stärkere Schuldgefühle entwickeln, dann wissen Sie etwas von der Existenz der zweiten Nabelschnur.

Wenn Sie möchten, probieren Sie jetzt Folgendes.

Schließen Sie die Augen – und durchtrennen Sie die Nabelschnur. Auf welche Weise Sie das tun, bleibt Ihnen überlassen. Ob mit einer Schere, einem Messer – lassen Sie sich von Ihrer Fantasie und Ihrem Unbewussten leiten. Wichtig ist, dass Sie die Nabelschnur nicht in der Mitte, sondern ganz nah an Ihrem Nabel abtrennen. Lassen Sie sich Zeit und beobachten Sie, welche Gefühle das in Ihnen auslöst. Wenn Sie möchten, können Sie ein symbolisches Pflaster auf Ihren Nabel kleben, denn schließlich bleibt erst mal eine Wunde zurück.

Klienten haben mir berichtet, dass es ihnen guttat, in der Zeit danach immer mal wieder eine Hand auf die Stelle zu legen. Das fällt nicht auf, Sie können es sogar in einem langweiligen Meeting machen. Diese Berührung ist vermutlich deshalb wohltuend, weil sie Ihnen helfen kann, sich zu spüren und zu zentrieren. Vielleicht ist es auch hilfreich für Sie, einen unterstützenden Satz dazu zu denken oder, wenn sie gerade allein sind, den Satz auch zu sagen. So ein Satz könnte sein »Ich gehöre mir« oder »Ich bin ganz bei mir« oder »Mein Leben gehört mir«.

Entscheidend dabei ist Ihre persönliche Erfahrung. Denn auf

die beschriebene Weise können Sie mit Ihrem Unbewussten kommunizieren. Und das reagiert immer ganz deutlich darauf, ob ein Satz keine Bedeutung für Sie hat oder ob er für Sie genau richtig ist.

Experiment Nr. 4: Den Vater hinter sich

Auch dieses Fantasieexperiment kann starke Gefühle auslösen. Betrachten Sie das positiv. Tief verwurzelte Einstellungen und Gewohnheiten sind selten über den Verstand oder mit Willenskraft allein zu verändern. Es braucht emotionale Beteiligung, es muss unter die Haut gehen, weil erst dadurch neurologisch neue Spuren angelegt werden.

Setzen Sie sich an einem ruhigen Ort, wo Sie sich sicher und ungestört fühlen, bequem auf den Boden. Also nicht auf einen Stuhl oder in einen Sessel, denn Ihr Rücken muss frei zugänglich sein. Werden Sie achtsam, schließen Sie die Augen, spüren Sie Ihren Körper und Ihre Emotionen. Beobachten Sie Ihre Gedanken. Und jetzt tun Sie Folgendes:

> *Stellen Sie sich vor – mit geschlossenen Augen –, dass Ihr Vater hinter Ihnen sitzt.*

Beobachten Sie, was sich in Ihnen verändert. Wahrscheinlich müssen Sie sehr genau wahrnehmen, denn Ihre inneren Reaktionen werden vielleicht schwach aber wahrnehmbar sein. Spüren Sie einfach nach, was sich in Ihnen verändert, wenn Ihr Vater in Ihrer Vorstellung hinter Ihnen sitzt. Nur sitzt, nichts sagt, Sie nicht berührt.

Vielleicht werden Sie unruhig, oder Ihr Magen zieht sich zusammen, oder Sie haben den Drang, die Augen zu öffnen.

Beobachten Sie all das. Vielleicht »hören« Sie einen Satz Ihres Vaters wie »Was soll dieser Quatsch?« oder »Schau mich gefälligst an«.

Vielleicht haben Sie aber auch ein ganz ruhiges Gefühl, spüren eine angenehme Wärme, die von hinten zu kommen scheint, oder erleben Ihren Körper plötzlich angenehm kraftvoll. Oder Sie spüren eine ungewohnte Sehnsucht nach seiner Nähe – jede Reaktion, auch wenn Sie »gar nichts« wahrnehmen, ist in Ordnung und wichtig.

Wenn Ihr Vater verstorben ist und Sie sich deshalb nicht vorstellen können oder wollen, dass er hinter Ihnen sitzt, stellen Sie sich vor, dass er über Ihnen ist, möglichst von hinten oben. Vielleicht können Sie innerlich Kontakt mit ihm aufnehmen, innerlich mit ihm sprechen oder auch hören, was er Ihnen sagen möchte.

Möglicherweise kommt Ihnen dieses Experiment seltsam vor, »wie irgendein Esoterik-Kram oder Vodoo«, meinte einmal ein Klient. Aus Erfahrung mit vielen Menschen weiß ich, dass es meistens wirkt, auch wenn man nicht gut erklären kann, warum. Am besten, Sie probieren es einfach mal aus und bilden sich dann Ihr eigenes Urteil.

Experiment Nr. 5: Stellen Sie sich selbst kluge Fragen

Wenn etwas nicht so klappt, wie wir es uns wünschen, gibt es dafür immer eine Ursache. Diesen Grund aufzuspüren, ist aber oft nicht leicht. Bei einem kaputten Toaster oder einem eingegangenen Ficusbaum mag es eine Weile dauern, aber man kommt darauf. Bei der menschlichen Psyche ist das schwieriger, weil diese komplizierter und selten auf Wenn-dann-Funktionen aufgebaut ist.

Wenn Sie finden, dass heute morgen Ihr Verhalten gegenüber

Ihrer Partnerin mal wieder wenig erwachsen war, dann ist es hilfreich, die Gründe dafür herauszufinden. Angenommen, Sie haben den Hochzeitstag vergessen, Ihre Frau ist traurig und enttäuscht und fragt sie: »Wieso kannst du den vergessen?« Als Sie darauf antworten, dass da wohl etwas mit der Terminsynchronisation zwischen Ihrem Laptop und Ihrem Handy nicht geklappt hat, bricht Ihre Frau in Tränen aus, und Sie versichern: »Nächstes Jahr denke ich ganz bestimmt dran!«

Mittlerweile finden Sie selbst, dass Sie sich wenig einfühlsam verhalten haben. »Warum?«, fragen Sie sich und katapultieren sich damit direkt in die Sackgasse. Denn hier helfen Warum-Fragen selten weiter. Meist führen sie zu abwertenden Antworten, die von der Stimme Ihres inneren Kritikers oder Ihren Schuldgefühlen gespeist werden:

☐ »Weil ich ein gefühlloser Trottel bin.«
☐ »Weil ich schon immer vergesslich war.«
☐ »Weil Männer Schweine sind.«

Besser sind sogenannte kluge Fragen. Klug deshalb, weil Sie darauf nicht gleich eine Antwort parat haben. Stattdessen lösen kluge Fragen einen internen Suchprozess aus – sie initiieren weitere Fragen wie zum Beispiel diese:

☐ »Wie hätte ich mich anders verhalten können?«
☐ »Was wollte ich mit meinem Verhalten vermeiden?«
☐ »Welche Angst hat mein Verhalten beeinflusst?«
☐ »Was hätte ich meinem besten Freund geraten, wenn er sich so verhalten hätte?«
☐ »Wie hätte Gary Cooper/Brad Pitt/der Bundespräsident (setzen Sie hier den Mann ein, der für Sie Männlichkeit verkörpert) sich in dieser Situation verhalten?«
☐ »Was kann ich jetzt noch tun, um die Situation noch zu verändern?«
☐ »Was wäre jetzt der nächste Schritt in die richtige Richtung?«

Experiment Nr. 6: Mit Sonden arbeiten

Dies ist eine Methode, die aus der Hakomi-Arbeit stammt. Hakomi ist eine körperorientierte Therapiemethode, die auf elegante und einfache Weise die Erfahrung ermöglicht, mit dem eigenen Unbewussten zu arbeiten.

Eine Sonde ist gemeinhin ein Instrument, mit dem man Dinge untersuchen kann, die dem üblichen Blick verborgen sind. Mit einer Magensonde kann man beispielsweise das Innere eines Menschen untersuchen. Hier arbeiten wir aber mit verbalen Sonden. Eine verbale Sonde ist ein positiv formulierter Satz, den Sie hören oder selbst sagen. Entscheidend dabei ist, dass Sie innerlich achtsam sind, also Ihre Augen geschlossen haben und Ihre ganze Aufmerksamkeit nach innen gerichtet ist. Im Alltagsbewusstsein funktionieren Sonden kaum.

Im Folgenden lesen Sie einige Vorschläge für Sonden, die Sie ausprobieren können, um zu erleben, wie Sie darauf reagieren. Wie im Kapitel über Achtsamkeit beschrieben, geht es um drei Bereiche von Reaktionen:

1. Sie beobachten eine körperliche Reaktion.
Irgendwo im Körper spannt sich etwas an oder entspannt. Oder eine Stelle im Körper wird wärmer – oder kälter. Oder etwas im Körper geht auf – oder geht zu.

2. Sie beobachten eine gefühlsmäßige Reaktion.
Sie freuen sich – oder ärgern sich. Sie werden ganz wach – oder ganz müde. Sie werden ganz leicht – oder fühlen sich schwer.

3. Sie beobachten eine gedankliche Reaktion.
Ein zustimmender Gedanke taucht auf – oder ein ablehnender Gedanke. Oder Sie beobachten einen skeptischen Gedanken.

Was immer Sie wahrnehmen, ist in Ordnung. Mit Sonden zu arbeiten ist keine Übung. Es gibt kein gewünschtes Ergebnis, keine richtige oder falsche Reaktion. Es ist ein Experiment, in dem Sie etwas über sich selbst, genauer: über Ihre inneren Landkarten zu dem Thema, erfahren.

Als Einleitung, damit Sie wissen, wann der Satz kommt bzw. welcher Satz gemeint ist, nehme ich meist die Formulierung: »Was passiert, wenn Sie hören ...?« Beziehungsweise, da Sie die Sätze ja selbst sagen werden: »Was passiert in Ihnen, wenn Sie sagen ...?«

Sagen Sie die Sätze nicht zu jemand anderem in Ihrer Vorstellung. Sagen Sie die Sätze vor sich hin oder in den Raum vor sich. Die Sätze sind nicht gerichtet, sondern sind Experimente, mit denen Sie untersuchen können, was zu diesem Thema auf Ihrer Landkarte verzeichnet ist. Sonden haben auch nichts mit »positivem Denken« zu tun. Die Sonden sind zwar positiv formuliert, aber es hilft nichts, sie mehrmals hintereinander zu sagen. Es gibt nichts zu üben, sondern die Sätze dienen mehr als ein diagnostisches Hilfsmittel.

Genug der Erklärungen. Suchen sie sich einen ruhigen Platz, wo Sie eine Weile ungestört sind und sich sicher fühlen. Lesen Sie jeweils einen Satz, schließen Sie dann die Augen und sagen Sie den einen Satz langsam und achtsam – und beobachten sie Ihre inneren Reaktionen. Benutzen Sie vorher die Formulierung: »Was passiert in mir, wenn ich sage ...«

Hier kommen meine Vorschläge für

> *Sonden zur Untersuchung Ihrer männlichen Identität:*
>
> *»Ich bin ein Mann.«*
>
> Zum Vergleich probieren Sie den Satz
> *»Ich bin Buchhalter/Ingenieur etc.«*, also Ihre Berufsbezeichnung.

»Ich bin männlich.«

»Es ist völlig in Ordnung, ein Mann zu sein.«

»Es ist gut, dass ich ein Mann bin.«

»Meine Mutter sieht mich als Mann.«

»Mein Vater sieht mich als Mann.«

»Für meine Eltern bin ich ein Mann.«

»Frauen sehen mich als Mann.«

»Frauen sehen in mir den Mann.«

»Ein Mann sein ist etwas Tolles.«

Hier kommen meine Vorschläge für

Sonden zur Untersuchung zur Ablösung von den Eltern:

»Ihr lebt euer Leben und ich lebe mein Leben.«

»Mein Leben gehört mir.«

»Nicht alle Menschen müssen mich mögen.«

»Ich muss nicht immer nett sein.«

»Ich muss nicht immer brav sein.«

»Ich bin nicht für dich, ich bin nicht gegen dich – ich bin für mich.«

»Meine Mutter und ich sind getrennte Wesen.«

»Ich kann bestimmen, wie viel Kontakt wir haben.«

»Mein Herz ist frei.«

»Mein Herz gehört mir.«

Hier kommen meine Vorschläge für

Sonden zur Untersuchung Ihrer Gefühle:

»Manchmal bin ich wütend.«

»Meine Wut ist in Ordnung.«

»Es ist in Ordnung, meine Wut zu zeigen.«

»Ich darf zeigen, dass ich wütend bin.«

Hier kommen meine Vorschläge für

> *Sonden zur Untersuchung von Schuldgefühlen:*
>
> *»Es war nicht meine Schuld.«*
>
> *»Ich konnte nichts dafür.«*
>
> *»Ich war zu klein.«*
>
> *»Ich habe nichts Schlimmes getan.«*

Das Tolle an dieser Methode ist, dass Sie selbst damit arbeiten können. Die obigen Sonden sind lediglich Vorschläge von mir. Sie können Ihre eigenen Sätze formulieren und ausprobieren.

Wichtig sind immer Ihre Reaktionen, nicht Ihre Interpretation des Erlebten. Ein Beispiel: »Ich hatte kein gutes Gefühl« ist eine Interpretation. »Mein Magen zog sich zusammen« war vielleicht die zuvor erlebte Reaktion. Die Reaktionen sind meist direkte Botschaften aus Ihrem Unbewussten. Interpretationen sind immer Resultat eines verstandesmäßigen Umdeutungsprozesses. Für die Experimente sind aber die Reaktionen aufschlussreich, und um die Reaktionen beobachten zu können, ist Ihre innere Achtsamkeit entscheidend.

Wege zur Ablösung – Experimente für Frauen

Ein Paar beim Tanzkurs. »Du führst nicht richtig«, sagt die Frau. Der Mann probiert etwas anderes. »Du führst nicht richtig, ich weiß nie, wo du hinwillst«, präzisiert die Frau ihre Kritik. »Mit Frau M. klappt es prima«, entgegnet der Mann. »Ich bin aber deine Frau und du führst nicht richtig.«

Nach einigen weiteren Runden des Tanzens und der Auseinandersetzung lässt der Mann seine Partnerin wütend stehen und geht an die Bar.

Es hilft meist wenig, zu klären, wer in so einer Auseinandersetzung die »Schuld« hat, auch wenn jeder der Beteiligten natürlich eine klare Meinung dazu hat. Argumente gibt es für beide Positionen. War der Mann zu kritikempfindlich und hat es versäumt, sich mit der Kritik der Frau wirklich auseinanderzusetzen, nachzufragen, was sie meint, und sich vielleicht beim Tanzlehrer eine kurze Nachhilfe zu holen? Stimmt, hätte er machen können.

Oder war die Kritik der Frau zu forsch, hat sie damit den Mann erst verunsichert, während er bei Frau M. seine gewohnte Führungskunst anwenden konnte. Wäre es vielleicht besser gewesen, über die empfundene Führungsschwäche hinwegzusehen und ihn aber dafür ausdrücklich zu loben, wenn er »richtig« führte? Stimmt, hätte sie machen können.

Oder geht es vielleicht gar nicht ums Tanzen? Gibt es dafür einen ganz anderen Bereich im Leben des Paares, wo die Frau sich wünscht, fester angepackt zu werden, oder wo der Mann gerne mal Verantwortung abgeben und geführt oder versorgt werden möchte? Stimmt, könnte auch was dran sein.

Diese Überlegungen zeigen, dass man mit einer schnellen Erklärung in Bezug auf mögliche Ursachen richtig liegen kann – aber auch völlig daneben. Doch eines ist sicher: Ein gemeinsam gestaltetes Verhaltensmuster als Paar muss sich zwingend ändern, wenn einer der beiden seinen Anteil an dem gemeinsamen Muster ändert. Der Hauptteil des Buches richtet sich ja an Männer und handelt davon, was diese in ihrem Leben tun und möglicherweise auch verändern können.

Aber in einer Paarbeziehung stricken meist beide am gemeinsamen Muster. Und wenn etwas Gutes dabei herauskommt, macht sich ja auch keiner groß Gedanken, was sein Anteil dabei war.

Dieses Kapitel ist an Sie als Partnerin gerichtet. Es soll Sie anregen, über den einen oder anderen Aspekt Ihrer Beziehung nachzudenken und zu überprüfen, inwieweit Sie auch einen Beitrag dazu leisten, dass etwas in Ihrer Partnerbeziehung nicht gut läuft.

Sie sind nicht schuld

Das Wichtigste zuerst: Sie sind nicht schuld. Noch einmal: Sie sind nicht schuld daran, dass Ihr Partner sich in bestimmten Situationen so verhält, wie Sie es nicht mögen. Wenn Sie ihn mehr lieben würden, öfter mit ihm schlafen würden, weniger Falten oder Kilos hätten – all das hat nichts damit zu tun, ob er mehr mit Ihnen reden oder den Geschirrspüler auch einmal ohne Aufforderung ausräumen könnte.

Also Sie sind nicht schuld. Aber zu dem Verhalten, das Ihnen an Ihrem Mann nicht gefällt, leisten Sie einen Beitrag. Und er leistet seinen Beitrag dazu. Für Ihren individuellen Paartanz braucht es immer Sie beide.

Ein Paar fährt auf der Autobahn. Nach einer Weile fragt die Frau: »Hast du Hunger?« Der Mann verneint. Nach einer Weile sagt die Frau vorwurfsvoll: »Aber auf die Idee, dass ich vielleicht hungrig sein könnte, danach fragst du natürlich nicht!«

Dieser Dialog ist dem Leben abgelauscht, stammt also nicht von Loriot und ist ein Beleg dafür, dass Mann und Frau oft in zwei verschiedenen Welten leben. Denn der Mann fällt natürlich aus allen Wolken, wenn er hört, dass die Frage, ob er hungrig sei auch einen indirekten Hinweis auf den Essenswunsch der Frau enthielt. Das kapiert ein Mann nicht oder frühestens nach dem Durcharbeiten von zwei Metern Beziehungsbüchern und drei Selbsterfahrungsgruppen. Der Mann denkt: »Warum sagt sie nicht einfach, dass sie Hunger hat?« Die Frau ihrerseits versteht nicht, wie der Mann ihren deutlichen Hinweis überhören kann und warum er sie nicht auch fragt, ob sie vielleicht hungrig ist.

Wenn es nach dieser kleinen Szene im Auto zu einem längeren Streit über Themen wie »mangelnde Sensibilität«, »Ich kann doch nicht Gedanken lesen« etc. kommt, hat auch keiner Schuld. Aber natürlich leistet jeder seinen Beitrag.

Hören Sie auf zu erziehen

Ein frisch verliebtes Paar ist zum ersten Mal in seiner Wohnung. Dort herrscht das blanke Chaos. Welche Sorte Pizza und welche Biersorte er am liebsten mag, kann man an den Überresten in der Küche genau feststellen. An den Kleidungsstücken, die in der Wohnung verstreut auf dem Boden liegen, kann die Frau ablesen, was er alles in den letzten Tagen anhatte. Die Frau denkt: »Also wenn wir mal zusammen sind, werde ich ihm schon Ordnung beibringen.«

Das ist meist der direkte Weg, die Mutterrolle in der Beziehung zu übernehmen und damit unzählige Chancen zu Aufforderungen wie:

- »Räum endlich deine Sachen auf!«
- »Warum stellst du dein Glas nicht gleich in den Geschirrspüler?«

- »Du wolltest doch nicht mehr so viel rauchen!«
- »Nicht so viel Salz! Du weißt doch, dein Blutdruck!«

Natürlich sind solche weiblichen Hinweise meist Ausdruck der Sorge, der Hoffnung auf Arbeitserleichterung oder aber auch Ausdruck eines verdeckten Kontrollbedürfnisses. Doch das Gemeine an solchen klar erscheinenden Aufforderungen ist: Sie funktionieren nicht! Sie kommen seltsamerweise beim Mann nicht an. Der Mann sagt nicht: »Danke für den Hinweis, mach ich.« Sondern er brummelt ein »Ja, morgen« oder sagt einfach gar nichts.

Männer, die das Erwachsenwerden verweigern, haben oft große Schwierigkeiten, selbst gut für sich zu sorgen. Sie haben es nicht gelernt oder finden, dass ein anderer das für sie tun müsse. Trifft nun ein solcher Mann auf eine Partnerin, die keine Lust mehr hat, ihn zu versorgen, und stattdessen darauf aus ist, ihn zu erziehen, wird das in aller Regel folgende Konsequenzen haben: Der Mann verweigert sich, findet Ausflüchte, wird bockig. Auf diese Weise unterstützen Sie eher das ungute Muster zwischen Ihnen beiden.

Ihren Mann erziehen zu wollen ist auch unangemessen, denn damit schaffen Sie – wenn der Partner es zulässt – eine asymmetrische Beziehung (siehe Seite 98). Der Preis dafür ist hoch und meist nach etlichen Jahren sichtbar. Der Mann schluckt seinen Groll und zahlt es ihnen irgendwann heim. Und Sie verlieren den Respekt und die Achtung vor ihm.

Was ist besser? Nun, Männer reagieren selten auf versteckte Hinweise oder laute Vorwürfe. Die meisten Männer reagieren aber ganz gut auf klare Bitten, die in einem freundlichen Ton vorgebracht werden. Glauben Sie nicht? Fragen Sie Ihren Mann.

Also statt »Hast du Tomaten auf den Augen?« als Hinweis auf den vollen Mülleimer sagen Sie besser: »Bitte bring den Mülleimer raus.«

Oder statt nach Ihrem Friseurbesuch zu fragen »Fällt dir was auf an mir?«, fragen Sie besser: »Wie gefällt dir meine neue Frisur?«

Oder wenn Sie sich mit einem schweren Möbelstück abmühen, sagen Sie nicht: »Statt Sportschau zu glotzen, könntest du mir gefälligst mal helfen!« Sondern probieren Sie es mit: »Ich brauche mal deine männliche Kraft. Könntest du mir bitte helfen?«

Wofür haben Sie sich diesen Mann ausgesucht?

Wie gesagt, Sie sind nicht schuld. Aber wahrscheinlich hat es auch etwas mit Ihnen und Ihrer Biografie zu tun, dass Sie sich ausgerechnet in diesen Mann verliebt haben. Und je besser Sie möglicherweise verstehen lernen, was Ihr Beitrag zu Ihrer Verbindung ist, umso eher können Sie Ihren Beitrag zu dem gemeinsamen Paartanz auch schrittweise verändern.

Eine häufige Verbindung ist die zwischen zwei nicht ganz abgelösten Erwachsenen. Am häufigsten ist die Verbindung zwischen einem »Muttersohn-Mann« und einer »Vatertochter-Frau«. Vatertöchter haben analog zur Entwicklung des Muttersohns es nicht genügend geschafft, den inneren Kontakt zur Mutter wiederzufinden. Als junges Mädchen bewunderten sie den Vater, idealisierten ihn auch, was mit acht oder zehn Jahren ja eine normale und gesunde Entwicklung ist. Doch so wie der Junge den Weg von der Mutter weg zum Vater finden muss, ist der Platz des Mädchens innerpsychisch wieder bei der Mutter. Mit ihr kann sie einkaufen gehen, Nägel lackieren, etwas über den Beruf der Mutter erfahren, Frauenromane lesen, über Frauenthemen stundenlang quatschen. Wenn die Mutter dafür nicht zur Verfügung steht, weil sie nur in der Küche steht und mehr eine Mutti ist, die tagaus tagein dieselbe Kittelschürze trägt, dann ist sie kein attraktives Vorbild für das Mädchen, selbst einmal eine Frau zu werden.

Eine Klientin erinnert sich, dass sie im Alter von elf Jahren ihren Vater, der Weine an Gaststätten verkaufte, öfter auf seinen Reisen begleiten durfte. Am Abend speisten sie in feinen Restaurants, führten »philosophische« Gespräche über Gott und die Welt. »Ich fühlte mich in diesen Stunden wie eine Königin. Mein Kinderzimmer und meine Mutter in der Küche schienen mir endlos weit weg.«

Diese Idealisierung des Vaters und die Abspaltung des Weiblichen können sich im Erwachsenenleben fortsetzen. Oft sind diese Frauen enorm tüchtig im Beruf, zum Beispiel als unersetzliche rechte Hand eines Geschäftsführers. Nicht zu selten suchen sich Vatertochter-Frauen unbewusst einen Muttersohn-Mann. Man kann nun mutmaßen, was hinter diesem Arrangement steckt.

Beide wollen ja im Grunde »erlöst« werden. Die Frau sucht einen »richtigen« Mann, der stark genug ist, sie aus dem Vaterreich zu entführen. Zu Beginn können Muttersöhne auch den Eindruck machen, dass sie erwachsen und erfolgreich im Beruf sind und ihren Mann stehen. Erst nach mehreren Jahren tritt das verborgene Muster in der Beziehung zutage.

Natürlich sind alle möglichen Paarungen zwischen Mann und Frau denkbar, auch zwischen Muttersohn-Männern und Vatertochter-Frauen. Doch aufgrund der passenden Dynamik der beiden Partner entstehen zwei Konstellationen besonders häufig, zumindest sehe ich sie oft:

☐ *Die Mutter-Sohn-Beziehung*
Hier tendiert die Frau dazu, in der Beziehung die dominante Rolle zu übernehmen. Neben den hausfraulichen Tätigkeiten oder einer anspruchsvollen Berufstätigkeit programmiert sie auch noch den Videorekorder, repariert den verstopften Abfluss, organisiert den Haushalt und legt ihm abends den Anzug mit der passenden Krawatte zurecht. Das kommt natürlich dem Versorgungswunsch des Muttersohns entgegen.

Doch alles hat seinen Preis. Insgeheim ärgert sie sich schon nach einer Weile, »dass er sich so bedienen lässt«, fühlt sich vielleicht auch alleingelassen mit all den Aufgaben und beschwert sich. Doch die Rollen sind oft sehr festgefahren. Da der Muttersohn selten gelernt hat, sich um andere zu kümmern, bleibt er auch bei Vorwürfen oder Forderungen nach mehr Beteiligung bei der Hausarbeit seltsam initiativlos.

Aber auch die Vatertochter hat nicht gelernt, Hilfe anzunehmen, und es fällt ihr auch als Erwachsene mitunter schwer. Eine Grippe ist noch lange kein Anlass für sie, sich ins Bett zu legen, und zwingt eine Erkrankung sie doch aufs Krankenlager, managt sie oft von dort noch per Telefon oder lauten Anweisungen, was alles zu tun ist.

☐ *Die Vater-Tochter-Beziehung.*
Hier ist der Mann tüchtig im Beruf, vielleicht nebenher noch aktiv im Verein, immer ansprechbar für Freunde und Bekannte. Die Frau ist jedoch kränklich, vielleicht launisch, oft depressiv. Und der Mann pflegt sie, kauft ein, kocht neben seinem Beruf das Mittagessen vor. Immer klaglos, gut organisiert. Er hat jederzeit den vollen Überblick.

Doch Beziehungen sind meist wechselseitig dynamisch. Das trägt oft zur schwierigen Verfestigung der einmal eingenommenen Rollenmuster bei. Je mehr Aufgaben der tüchtige Muttersohn übernimmt, umso schwächlicher und hilfsbedürftiger wird die Frau. Konnte sie früher wenigstens ab und zu die Wohnung staubsaugen, geht das nach einer Weile gar nicht mehr und der Mann muss das zusätzlich übernehmen.

Beide Muster verstärken sich gegenseitig. Da die Frau sich immer schwächer zeigt, hat der Mann natürlich ein schlechtes Gewissen bei dem Gedanken, sie aufzufordern, doch einmal etwas selbst in die Hand zu nehmen. Aber auch die Frau ist für die aufopferungsvolle Hilfe ihres Mannes nicht 24 Stunden am Tag dankbar. Stattdessen nörgelt sie zunehmend herum.

Vielleicht sind Sie ja bereit, den möglichen Gründen, warum Sie sich gerade diesen Mann ausgesucht haben, bei sich nachzuspüren?

Sehen Sie Ihren Partner als Ganzes

Vatertöchter mit ihrer Tendenz, den Vater zu idealisieren, laufen zuweilen auch Gefahr, den Partner zu idealisieren, ihn also nur bewundernswert, toll, einmalig zu finden. Doch Idealisierung ist keine bewundernde Betrachtungsweise, sondern ein psychischer Abwehrmechanismus. Die Idealisierung dient dazu, weniger positive Eigenschaften eines Systems oder eines Menschen auszublenden, aber auf eine solche Weise, dass man gar nicht merkt, dass man sie ausblendet.

In demokratischen Systemen ist es erlaubt und üblich, auf Missstände hinzuweisen. In diktatorischen Gesellschaften oder religiösen Sekten ist diese Kritik jedoch fast immer verboten und gefährlich. Um dieses auszuhalten, kann man entweder nach außen die gewünschte Meinung äußern und seine Privatmeinung für sich behalten. Oder man idealisiert das System so vollständig, dass man überall nur das Gute des Systems sieht und für offensichtliche Fehler kreative Entschuldigungen findet.

Idealisierung des Partners erspart einem die notwendige Auseinandersetzung. Die ist aber für eine lebendige Beziehung auf gleicher Augenhöhe notwendig.

Eine Frau in der Paartherapie erwähnt, dass ihr Mann ihr nie zuhöre. Aus einer Einzelstunde mit ihr weiß ich, dass sie sehr darunter leidet, zumal er bei Einladungen anderen Gästen sehr aufmerksam und interessiert zuhören könne. Als ich sie im Beisein ihres Gatten frage, warum sie das Thema seines »Weghörens« nie anspreche, sagt sie, ihn etwas mitleidig anlächelnd: »Aber er hat doch immer den Kopf so voll vom Geschäft, ich verstehe das schon.«

Idealisierung erspart einem auch die Erkenntnis, dass der andere nicht perfekt ist. Zu versuchen, ihn nachträglich zu erziehen, ist der vergebliche Weg, dieses Ideal doch noch zu erreichen. Denn natürlich wehren sich die meisten Erwachsenen offen oder indirekt dagegen, belehrt, gemaßregelt und erzogen zu werden. Erziehung passt nur in eine asymmetrische Beziehung. Einen Hund muss man erziehen, damit er nicht ins Bett springt. Ein Kind kann man dazu erziehen, dass es nicht dauernd mit seinen Wünschen ein wichtiges Gespräch von Erwachsenen stört. Doch den eigenen Partner sollte man nicht erziehen.

Angemessener sind vielmehr ein klares Feedback und der Wunsch nach einer Veränderung des Verhaltens des Partners. Also nicht:

☐ »Du weißt doch, dass zu viel Alkohol nicht gut für dich ist. Lass doch das Bier bitte stehen.«
Besser: »Ich mache mir Sorgen, wenn du so viel trinkst, und ich würde gerne noch viele Jahre mit dir leben.«

☐ Statt: »Verteile nur deine schmutzigen Sachen überall in der Wohnung. Ich habe ja nichts Besseres zu tun, als hinter dir aufzuräumen.«
Besser: »Es stört mich, wenn ich deine Sachen in der Wohnung herumliegen sehe. Bitte räum sie auf.«

Viele Frauen wissen nicht, dass Männer auf klare Anweisungen meist kooperativer reagieren als auf stumme Hilferufe oder häufiges Nörgeln. Probieren Sie aus, Ihre nörgelnden Klagen in Wünsche oder Bitten umzuformulieren:

☐ »Würdest du bitte den Müll rausbringen?«
Statt: »Siehst du denn nie von selbst, dass der Mülleimer voll ist?«
☐ »Bitte streichle mich genau hier, das erregt mich sehr.«
Statt: »Falls du meine Klitoris suchst, da ist sie bestimmt nicht!«
☐ »Bitte fahr nicht so schnell, das macht mir Angst.«
Statt: »Hier ist Tempo 130, 130, hörst du?

Natürlich sind diese kommunikativen Tipps kein Allheilmittel. Aber einen Versuch wert. Denn Kritik – im Sinne eines korrigierenden Feedbacks – ist wichtig, gerade in einer nahen Beziehung. Aber diese sollte nicht mit Abwertung oder Verachtung vorgebracht werden, sondern mit Respekt und Anerkennen der Verschiedenheit.

Manchmal sind Verschiedenheiten anregend, ergänzend und gegenseitig befruchtend. Aber manchmal sind Verschiedenheiten auch nicht passend. Dann kann man kreative Lösungen finden, um Räume zu schaffen, dass die Verschiedenheiten nicht allzu schmerzlich aufeinandertreffen.

In dem Broadwaystück »Caveman« wird der Unterschied zwischen Mann und Frau unter anderem am Einkaufsverhalten aufgezeigt: Männer jagen, Frauen sammeln. Deswegen betritt ein Mann, der ein Hemd braucht, ein Geschäft, lässt sich etwas zeigen und wenn es ihm gefällt, kauft er es. Das dauert zehn Minuten. Man könnte sagen, er »erlegt« das Hemd.

Eine Frau, die eine Bluse sucht, kauft eine passende Bluse meist nicht gleich, weil sie noch in ein paar anderen Geschäften schauen will. Das dauert zwei Stunden und vielleicht kommt sie ohne Einkauf wieder nach Hause. Man könnte sagen, die Frau »sammelt Blusen-Erfahrungen«.

Deswegen sind gemeinsame Einkaufs*bummel* (das muss eine weibliche Wortschöpfung sein) für beide meist eine Qual. Eine Lösung kann darin liegen, darauf zu verzichten, gemeinsam einkaufen zu gehen.

Nicht jammern, sondern Konsequenzen ziehen

Sie werden Ihren Mann nicht ändern können. Das kann nur er selbst. Aber: Sie brauchen Ihren Mann auch nicht zu ändern. Es genügt, wenn Sie anfangen, Ihr Verhalten zu ändern. Und darauf, auf Ihr Verhalten, Ihre Erwartungen, Ihre Gedanken, Ihre Worte haben Sie maximalen Einfluss.

»Warum können Männer nicht im Sitzen pinkeln?«, fragt sich manche Frau. Meine Antwort: »Weil Männer sich dabei unmännlich vorkommen.«

Das versteht natürlich keine Frau. Männer aber spüren den Unterschied. Der Ur-Mann, der den ganzen Tag mit Jagen beschäftigt war, pinkelte auch im Stehen. Er hatte keine Zeit, sich zum Urinieren hinzusetzen. Es wäre vielleicht auch lebensgefährlich gewesen. Die Frau, die die Hütte und die Kinder hütete, konnte sich ein ruhiges Plätzchen suchen. Für Männer ist urinieren nicht einfach das Entsorgen überflüssiger Flüssigkeit. Es ist Teil der täglichen Vergewisserung, dass man ein Mann ist. Der Hersteller von WC-Urinalen, der in die Tiefes des Beckens eine Fliege eingravieren ließ, hat die psychische Bedeutung des Wasserlassens von Männern sehr tief verstanden.

Sie wissen, Männer und Frauen sind verschieden. Beide Geschlechter denken, fühlen und verhalten sich unterschiedlich. Das vergessen manche Frauen beim Zusammenleben – Männer natürlich auch, aber dieses Kapitel richtet sich ja an Sie.

Eine wichtige Empfehlung an dieser Stelle lautet:

> *Ändern Sie nicht Ihren Mann, ändern Sie Ihr Verhalten.*

Beherzigen Sie diese Empfehlung, so ersparen Sie sich eine Menge überflüssiger Kommunikation.

Ein Kapitel für beide

Meine Lektorin sagte, dass die Leser dieses Buchs zu 80 Prozent Frauen sein werden. Das verunsicherte mich erst, denn ich wollte eigentlich ein Männerbuch schreiben. Frauenbücher gibt es ja schon genug. Und natürlich ist das Buch vor allem an Männer gerichtet, da es ja um die fehlende Ablösung bei Männern geht.

Natürlich betrifft dieser zentrale Männerkonflikt auch die Frauen, deswegen gibt es auch das Kapitel für Frauen. Aber er betrifft auch beide zusammen, denn in einer Beziehung »ist das Tun des einen das Tun des anderen«, wie mein früherer Lehrer, Helm Stierlin es ausdrückte. Oder systemtheoretisch gesprochen: Alles hängt mit allem zusammen. Deshalb also dieses Kapitel für Sie beide.

Wie wäre es, wenn Sie sich in einer ruhigen Stunde bei einem Glas Wein einen Absatz daraus vorlesen und darüber sprechen?

Eine Krise ist keine Katastrophe

Krisen sind Chancen. Das liest man heute überall. Aber was ist damit eigentlich gemeint? Dieser Satz ist ein Angebot für eine Sichtweise. Und wir brauchen ja immer eine Sichtweise, denn wie etwas wirklich ist, können wir nicht erkennen (siehe Seite 112).

Wenn ein Partner fremdgeht und der andere es rauskriegt, ist das meistens eine Krise. Wenn durch die Geburt eines Kindes beide seit Monaten unausgeschlafen sind, Sex nicht stattfindet und sich alle Gespräche um Windeleinkauf und Babybrei drehen, kann daraus eine Krise werden. Wenn ein Paar sich über längere Zeit immer wieder streitet, kann daraus eine Krise werden.

All das sind natürlich erst mal Situationen. Wie wir solche Situationen bewerten, macht den Unterschied.

> *»Ich muss dir etwas gestehen«, beginnt der Mann das Gespräch, »ich habe dich betrogen.«*
> *»Endlich!«, antwortet die Frau und geht am nächsten Tag zu ihrem Anwalt.*

Manche Paare erleben eine Krise als ausgemachte Katastrophe. Meist jene Paare, die ihre Beziehung oder den Partner stark idealisierten und bis dato glaubten, dass Probleme und Trennungen nur bei anderen Leuten passieren. Manche Menschen suchen bei einer Krise die Ursache bei sich selbst. Dass es ein Zeichen sei, dass sie nicht beziehungsfähig seien, doch nicht zueinander passen, Mutter doch recht gehabt habe usw.

All das ist menschlich und verständlich. Aber es ist nicht wahr. Was aber die Wahrheit über die Krise ist – weiß niemand. Man kann eine Krise als Katastrophe betrachten, aber es ist keine Katastrophe. Sie können denken, es wäre doch besser gewesen, damals auf Mutters Rat gehört zu haben und den langweiligen Juristen zu nehmen statt des coolen Kinderlieder-Komponisten, der Sie jetzt betrogen hat. Aber es ist nicht wahr, denn wie es mit dem Juristen geworden wäre, wissen Sie nicht. Anders wohl, aber besser, das weiß niemand.

Da wir also nie wissen können, was eine Krise wirklich bedeutet, empfehle ich Ihnen eine konstruktive Einstellung dazu. Betrachten Sie die Krise nicht als Katastrophe, nicht als Versagen, nicht als Beweis, dass Männer Schweine sind und Frau Zicken.

Betrachten Sie die Krise als Chance. Als eine Gelegenheit, etwas Neues zu lernen: etwas Neues über Ihren Partner, etwas Neues über Ihre Beziehung und etwas Neues über sich selbst, das Sie noch nicht wussten. Daraus kann sich etwas Neues in Ihrer Beziehung entwickeln, denn wenn Sie aus etwas Schlimmem etwas Neues über sich oder Ihren Partner lernen können, dann gibt es kein Scheitern, kein Versagen.

Betrachten Sie Ihre Beziehung als Lernfeld

Neben meinen Persönlichkeitsseminaren arbeite ich vor allem als Psychotherapeut. Ich bin der Meinung, dass fast jeder Mensch von einer Psychotherapie enorm profitieren kann, da man sich dort besser kennenlernt, vor allem natürlich die Seiten, von denen man gar nicht wusste, dass man sie hat und die aber das eigene Leben beeinflussen.

Leider gilt Psychotherapie bei uns vor allem als Heilbehandlung und fällt in das Gebiet der Krankenkassen. Man muss also krank sein oder sich krank fühlen, um eine Psychotherapie in Anspruch nehmen zu können. Deswegen wehren sich ja viele Menschen, die eine manifeste Depression, Alkoholsucht oder große Ängste haben, oft hartnäckig gegen eine Behandlung. Meist mit dem Argument: »Ich bin doch nicht krank.«

Nun kommt die gute Nachricht: Sie brauchen wahrscheinlich keinen Psychotherapeuten. Denn Sie haben ja einen Partner. Und in einer längeren Beziehung kommt auch viel von dem heraus, was Sie in einer guten Therapie entdecken würden. Manchmal sogar mehr und intensiver. Denn beim Therapeuten sind Sie meist einmal die Woche für 50 Minuten. Und dann haben Sie wieder eine Woche Pause. In einer Beziehung sehen Sie sich hoffentlich länger und öfter und können sich nicht so gut aus dem Weg gehen.

Betrachten Sie also Ihre Beziehung als Lernfeld. Natürlich nicht 24 Stunden am Tag. Sondern in den Momenten, in denen Sie merken, dass Sie etwas an Ihrem Partner stört – und Sie beschließen, nichts zu sagen, weil Sie keinen Streit wollen. Oder dann, wenn Ihr Partner etwas an Ihnen kritisiert – und Sie gerade zu einem verbalen Gegenschlag ausholen. Oder wenn Sie abends im Bad extra lang brauchen, in der Hoffnung, dass Ihr Partner schon eingeschlafen ist, wenn Sie ins Schlafzimmer kommen.

Das sind die Momente, wo Ihr Therapeut Sie auch fragen würde:

- »Was denken Sie in diesem Moment?«
- »Was fühlen Sie gerade?«
- »Wovor haben Sie Angst?«
- »Wie interpretieren Sie das, was Ihr Partner gerade tut?«

Wenn man miteinander die Beziehung als Lernfeld betrachtet, ist das eine der besten Versicherungen gegen sinnlose Streits und eventuell eine Trennung. Denn in einer Beziehung kommen die jeweiligen empfindlichen Punkte gnadenlos zum Vorschein. Das ist manchmal schmerzhaft, aber auch heilsam, wenn Sie sich nicht zu sehr dagegen wehren. Dieser Widerstand ist auch nutzlos, denn die empfindlichen Punkte sind ja vorhanden – und zwar in Ihnen. Sie zu leugnen oder davon abzulenken, indem Sie Ihrem Partner seine empfindlichen Punkte aufzeigen, ist zwar menschlich verständlich, aber überflüssig und nicht angemessen.

Die Beziehung als Lernfeld zu betrachten kann auch deshalb gut funktionieren, weil an dem Feedback Ihres Partners fast immer was dran ist. Ihr Partner kennt Sie. Er mag seine eigenen Blicktrübungen haben, aber an der Kritik oder den Vorwürfen Ihres Partners ist wahrscheinlich einiges dran. Und das ist Ihre Chance. Sie können etwas darüber lernen, wie Sie Beziehungen gestalten. In dieser Fähigkeit sind wir nie Meister, das heißt, wir können immer noch was dazulernen.

Hierzu gibt es die wichtige Einsicht des bekannten Paarforschers John Gottman, dass die Qualität einer Beziehung in entscheidendem Maß davon abhängt, inwieweit der Mann bereit und fähig ist, die Kritik seiner Frau ernst zu nehmen.

Wohlgemerkt, die Qualität Ihrer Beziehungen bemisst sich also nicht an der Qualität Ihrer Ausreden, am Einfallsreichtum Ihrer Ablenkungsmanöver oder an der Dauer, wie lange Sie mit unbewegtem Gesicht dasitzen und schweigen können. Nein, sie bemisst sich daran, wie sehr Sie auch bei Kritik Ihrer Liebsten erwachsen bleiben können und nicht zum beleidigten Kind werden oder zum aufsässigen Pubertierenden oder zum gewaltsamen Macho.

Also, das nächste Mal, wenn es zwischen Ihnen knallt und Sie dabei sind aus dem Zimmer zu rennen, nach schlimmen Schimpfworten suchen oder gerade beschließen, die nächsten zweieinhalb Stunden kein Sterbenswort mehr zu sagen, erinnern Sie sich daran: Das ist jetzt keine Katastrophe, sondern ein Lernfeld. Nutzen Sie es!

Lernen Sie, konstruktiver zu streiten

Es gibt Paare, die sagen »Wir streiten uns nie« und sind stolz darauf und werden deshalb von anderen Paaren beneidet. Natürlich klingt das erst einmal schön, und die wenigsten Menschen finden Streits angenehm. Ich setze hinter eine solche Aussage jedoch ein großes Fragezeichen. Geht das wirklich in einer Partnerschaft? Wie macht man das? Und was ist der Preis?

Ich glaube, dass zu einer intensiven Beziehung – und das sollte eine Partnerschaft ja wohl sein – das Streiten einfach dazugehört. Das Streiten ist die notwendige Folge daraus, dass da zwei unterschiedliche Menschen zusammenleben und diese beiden Menschen in vielen Dingen unterschiedliche Bedürfnisse, Wünsche, Vorstellungen, Abneigungen und empfindliche Punkte haben. Und wenn man einige Zeit miteinander verbringen will, müssen diese Unterschiedlichkeiten irgendwie Platz haben in der Beziehung. Diese Unterschiede sind ja auch Teil der Anziehung zwischen Menschen.

Wie vermeiden Paare solche natürlichen Streits? Meist, indem sie der Bedeutung eines Streits eine zu große Bedeutung beimessen und befürchten, ein Streit könnte zeigen, dass man doch nicht zusammenpasst, oder solche Gräben aufreißen, dass die Beziehung auseinanderbricht. Das ist natürlich nicht auszuschließen, doch daran ist dann nicht der Streit schuld, sondern die unvereinbaren oder unvereinbar scheinenden Unterschiede. Erschwerend für das Streiten in der Beziehung ist noch, dass Frauen und Männer unterschiedliche Überzeugungen dazu haben.

Frauen denken meist, solange man mit dem Partner über alles reden kann, auch über Schwierigkeiten miteinander, ist die Beziehung in Ordnung. Männer dagegen glauben: »Entweder es klappt miteinander oder es klappt nicht. Wenn man über jede Kleinigkeit reden muss, ist das der Anfang vom Ende.« Deshalb sagt der Mann, wenn eine Frau ihn bittet »Wir müssen mal wieder über unsere Beziehung reden«, selten: »Tolle Idee, wollt ich auch schon lange vorschlagen.« Für die Frau ist das Gespräch eher beziehungsstärkend, für den Mann eher bedrohlich.

Notwendige Streits werden auch dann vermieden, wenn einer es dem anderen recht machen will, also die eigenen Wünsche hintenanstellt, verdrängt oder verleugnet, weil es sonst Streit gibt. Eine solche Harmoniesucht ist über kurz oder lang der schleichende Tod jeder lebendigen Beziehung. Denn derjenige, der seine Wünsche vergräbt oder zurückhält, ist ja kein Erleuchteter, der wunsch- und bedürfnislos mit allem einverstanden ist. Er tut meist nur so.

Insgeheim hofft er darauf, dass der andere ja auch mal an ihn denkt, wo er doch so oft seine Wünsche geopfert hat. Er hofft also darauf, dass der andere nach seinen Wünschen fragt, ohne dass er sie selbst äußern muss. Eben wie eine gute Mutter, die spürt, wenn wir hungrig sind oder mehr Taschengeld brauchen, und uns das Benötigte dann mit einem freudigen Lächeln gibt. Das ist die idealtypische mütterliche Versorgung und in den ersten Jahren unseren Lebens auch dringend nötig. Eine Beziehung zwischen Erwachsenen sieht anders aus.

Wie streitet man konstruktiver? Dazu gibt es kluge Bücher (im Anhang auf Seite 197 nenne ich einige). Die wichtigsten Tipps sind:

☐ *Äußern Sie Kritik so früh wie nötig.*
So früh wie nötig, *nicht so früh wie möglich*. So früh wie nötig heißt, wenn Sie merken, dass es Sie zunehmend stört, sie aber Ihre Kritik noch in einem ruhigen Ton äußern können. Wenn Sie beim dritten Abendessen Ihrer Beziehung sagen: »Es stört mich, wenn du beim Essen in der Nase bohrst« ist das konstruktiver, als wenn Sie beim Scheidungsrichter als Grund der Zerrüttung brüllen: »Sie sollten das Schwein mal beim Essen erleben!«

So früh wie nötig Ihrem Partner Feedback zu geben hat auch den Vorteil, dass Sie ihm damit eine Chance zur Verhaltensänderung ermöglichen. Wenn Sie hingegen siebzehneinhalb Jahre warten, bis Sie Ihrem Partner sagen, dass Ihnen seine ausgebeulten Jogginghosen nicht gefallen, brauchen Sie sich nicht zu wundern, wenn Ihr Mann aus allen Wolken fällt: »Warum hast du denn nie etwas gesagt?«

- *Kritisieren Sie das Verhalten, nicht den Menschen.*
Dadurch vermeiden Sie, Ihren Partner zu kränken oder zu verletzen. Natürlich ist das leichter geschrieben und gelesen als getan. Vor allem, wenn man sich im Recht fühlt, rutscht einem die persönliche Herabsetzung leicht heraus. Aber in einer Beziehung sollte es nicht ums Rechthaben gehen, sonst ist man früher oder später allein und hatte aber Recht. In einer Beziehung geht es vor allem darum, wie man miteinander auskommen kann – auch wenn beide Recht haben. Sie können das Verhalten statt des Menschen kritisieren, indem Sie dem anderen Ihre Gefühle mitteilen, die dessen Verhalten auslöst. Kommunizieren Sie also Ich-Botschaften anstatt einer Du-Botschaft. Beispiele:

  - »Ich machte mir Sorgen, als du nicht zur üblichen Zeit zu Hause warst. Bitte ruf doch künftig kurz an, wenn es später wird im Büro.« Das ist eine Ich-Botschaft.
  - »Der feine Herr glaubt wohl, ich warte stundenlang mit dem Essen auf ihn. Da hast du dich aber geschnitten!« Das ist zum selben Anlass eine Du-Botschaft.

Du-Botschaften werden meist aggressiv wahrgenommen und verleiten deshalb den anderen zur Rechtfertigung, Erklärung, Verteidigung oder zum Gegenangriff. Ich-Botschaften laden ein, sich nicht gleich angegriffen zu fühlen und deshalb eher anhören zu können, wie das eigene Verhalten auf den anderen gewirkt hat.

☐ *Übersetzen Sie Beschwerden in Wünsche.*
»Nie machst du einen Vorschlag fürs Wochenende. Immer muss ich was organisieren. Das stinkt mir! Und zwar gewaltig!«

Wem ein solcher Vorwurf um die Ohren fliegt, der fühlt sich meist erst mal schuldig, vor allem, wenn an der Kritik was dran ist. Überlegt man dann etwas fürs Wochenende, bleibt einem das schale Gefühl, dass man es nicht aus freien Stücken getan hat, sondern weil der andere so viel Druck machte. Der Partner hat dann oft das gleiche Gefühl: »Das machst du jetzt doch nur, weil ich mich beschwert habe. Von allein wärst du da doch nie draufgekommen.«

Streichen Sie in Ihrer Beschwerde die Worte »nie« und »immer«. Und verwandeln Sie die Beschwerde in einen Wunsch. Das ist weniger verletzend und außerdem weiß Ihr Partner, was Sie wollen. Beim Beschweren sagen Sie ja meistens nur, was Sie *nicht* wollen. Also statt sich zu erkundigen: »Warum muss ich immer deine abgeschnittenen Fingernägel aus der Badewanne holen?« formulieren Sie Ihre – völlig verständliche Beschwerde – in einen Wunsch um: »Könntest du bitte das nächste Mal deine abgeschnittenen Fingernägel aus der Badewanne entfernen?« Natürlich äußern die meisten Menschen lieber Beschwerden als Wünsche. Weil die Beschwerde einem das Gefühl gibt, man hätte ein Recht dazu, dies zu fordern. Eine Bitte kann man abschlagen. Eine Beschwerde schon weniger. Doch in einer Beziehung gibt es wenig Rechte, die man einfordern kann. Probiert man das, kommt meist der Partner mit einer Gegenbeschwerde: »Mach du erst mal die ganzen Haare aus dem Duschabfluss!« So gerät man schnell in eine eskalierende Streitspirale, in der jeder nur noch auf den anderen reagiert und aus der keiner aussteigt, weil er nicht sein Gesicht verlieren will.

Wünsche bringen den anderen nicht so in die Defensive. Der andere spürt, dass er den Wunsch abschlagen könnte, und entdeckt vielleicht, dass es dafür nicht viele gute Gründe gibt.

Ein Paar braucht Qualitätszeit

Immer wieder kann man lesen, dass Paare, die schon länger zusammenleben, sich recht wenig unterhalten. Die Aussagen der Statistiken variieren von vier bis sechseinhalb Minuten pro Tag. Das ist ziemlich wenig und meist ein ernst zu nehmendes Alarmzeichen für eine Beziehung. Manchmal geht so eine Beziehung zu Ende und, nach den Gründen für das Scheitern befragt, sagt einer dann: »Wir haben uns auseinandergelebt.«

Das ist natürlich kein Wunder. Die Unordnung in der Wohnung nimmt von alleine zu. Der Garten wuchert von selbst zu. Ehen werden ohne unser Zutun schlechter.

Deshalb räumen wir ja von Zeit zu Zeit die Wohnung auf, mähen den Rasen und jäten das Unkraut. Doch in der Paarbeziehung handeln viele danach, als müsste man nichts dafür tun. Aber natürlich müssen Sie für alles, was Ihnen etwas wert ist, etwas aufwenden. Meistens Zeit, Geld, Aufmerksamkeit und Mühe. Denn die Dinge werden von allein schlechter. Bei Ihrem Auto ist Ihnen das klar – und Sie handeln entsprechend. Für Ihre Gesundheit ist es Ihnen ab einem gewissen Alter auch klar – und Sie handeln vielleicht entsprechend.

Um es klar zu sagen: Ein paar Minuten Gesprächszeit ist für ein Paar zu wenig. Das reicht für den Nachbarn, auch für den Goldfisch, aber nicht für Ihren Partner. Es reichen auch nicht Gespräche über die Haushaltsorganisation oder die Diskussion über das nächste Urlaubsziel. Wenn Sie als Paar miteinander leben wollen und nicht nur zusammenbleiben, brauchen Sie Qualitätszeit.

Qualitätszeit ist Zeit, in der Sie allein als Paar Zeit miteinander verbringen und dies beide hoffentlich schön finden und genießen. Das kann ein gemeinsames Essen sein, entweder selbst gekocht oder in einem Restaurant. Ein Spaziergang. Sex. Oder ein gutes Gespräch. Fernsehen zählt meistens nicht dazu. Denn bei der Qualitätszeit zählt, dass Sie sich aufeinander beziehen.

Dazu braucht es oft das Gespräch. Doch nach etlichen Jahren wissen Paare oft nicht mehr, worüber Sie miteinander sprechen können. Was der andere im Büro oder in der Familie mit den Kindern erlebt hat, lässt sich meist wirklich in zwei Minuten – oder kürzer – berichten.

Bei in die Jahre gekommenen Beziehungen wird auch deshalb oft wenig miteinander gesprochen, weil man glaubt, schon fast alles vom anderen zu kennen, und weil sich Kommunikationsmuster verfestigt haben, die ein Gespräch eher behindern als fördern. Solche nicht förderlichen Kommunikationsmuster sind nach Thomas Gordon[7] beispielsweise:

- *Befehlen, anordnen, auffordern,* zum Beispiel: »Hör doch auf zu jammern über das bisschen Haushalt. Organisier dich besser!«
- *Warnen, mahnen, drohen,* zum Beispiel: »Wenn du so weitermachst mit X, wirst du noch krank/schlimm enden etc.«
- *Moralisieren, predigen, beschwören,* zum Beispiel: »Wenn alle so dächten wie du, dann würde hier überhaupt nichts mehr laufen.«
- *Beraten, Vorschläge machen, Lösungen liefern,* zum Beispiel: »Du bist einfach völlig desorganisiert. Mach dir doch mal einen genauen Zeitplan.«
- *Durch Logik überzeugen, Vorträge halten, Gründe anführen, belehren,* zum Beispiel: »Das ist doch ganz einfach, wenn man es logisch sieht. Der Tag hat 24 Stunden. Davon gehen acht Stunden ab fürs Schlafen …«
- *Urteilen, kritisieren, wiedersprechen, Vorwürfe machen, beschuldigen, verurteilen,* zum Beispiel: »Entweder du willst nicht, weil du willensschwach bist, oder du kannst nicht, weil du unfähig bist.«
- *Loben, zustimmen, schmeicheln, positiv bewerten,* zum Beispiel: »Ich kenne dich doch. Du schaffst das. Das wäre doch gelacht.«
- *Beschimpfen, lächerlich machen, beschämen, etikettieren,*

- *Klischees verwenden,* zum Beispiel: »Du bist wie deine Mutter. Erst 'ne große Klappe und Sprüche – aber nichts dahinter.«
- ☐ *Interpretieren, analysieren, diagnostizieren,* zum Beispiel: »Du willst einfach etwas Besseres sein und glaubst, dass irgendjemand deine Arbeit schon erledigen wird.«
- ☐ *Beruhigen, Sympathie äußern, trösten, aufrichten, mitfühlen, unterstützen,* zum Beispiel: »Jetzt trinken wir erst mal einen Kamillentee, beruhigen uns langsam und dann schauen wir weiter.«
- ☐ *Forschen, fragen, verhören (sondieren),* zum Beispiel: »Warum machst du das immer wieder? Machst du das, um mich zu ärgern?«
- ☐ *Ablenken, ausweichen, aufziehen,* zum Beispiel: »Na Schwamm drüber, morgen ist auch noch ein Tag.«

Auch wenn in Einzelfällen manche Formulierungen hilfreich sein mögen, erschweren diese zwölf Kommunikationssperren zumeist das Gespräch zu zweit. Denn für ein gelingendes Gespräch braucht es die Erfahrung, angehört zu werden, ohne zu oft unterbrochen zu werden, und das Gefühl, dass der andere sich für einen interessiert und nicht das Gesagte nur als Stichwort für den eigenen Beitrag verwendet.

Doch das ist nicht so einfach. Vor allem dann nicht, wenn sich die oben beschriebenen Kommunikationsmuster schon lange als Standard etabliert haben oder wenn das Paar ungeklärte Spannungen miteinander hat. Doch es gibt einen Weg, wie Sie als Paar lernen können, anders miteinander zu sprechen. Der Weg sind Zwiegespräche.

Zwiegespräche

Diese besondere Form der Paarkommunikation kann in vielen Situationen hilfreich sein:

☐ Wenn Sie zu einem Thema unterschiedliche Auffassungen haben und eine gemeinsame Entscheidung brauchen (Urlaubsziel, Finanzen, Kindererziehung etc.).
☐ Wenn Sie Ihre Beziehung vertiefen wollen, beispielsweise, wenn Ihre Kommunikation hauptsächlich der Alltagsorganisation dient und Sie gar nicht mehr wissen, was den anderen beschäftigt.
☐ Wenn Sie sich in der Beziehung vor allem als Rollenträger und selten als Mensch fühlen: Gemeint sind Festlegungen auf Rollen wie Ernährer, Mädchen für alles, Sündenbock für alles, Dienstbotin etc.
☐ Wenn Sie sich nicht trauen, konflikthafte Themen anzusprechen. Konflikte sind normal. Bei einer schlechten Streitkultur werden notwendige Auseinandersetzungen aber eher gemieden, weil zumindest ein Partner glaubt, dass er ohnehin die schlechteren Karten hat.
☐ Wenn Sie Leichtigkeit, Lust und Spaß in der Beziehung vermissen. Nehmen die Pflichten überhand, wird das Leben mit der Zeit freudlos und langweilig, und das hält die Beziehung nur aus, solange nicht einer außerhalb der Ehe entdeckt, dass er zu lange nur funktioniert hat und plötzlich lebendig wird.
☐ Wenn sexuelle Lustlosigkeit sich über lange Zeit hinzieht. Ich glaube nicht, dass der Grund dafür in unserer übersexualisierten Welt liegt oder dass die Medien schuld sind oder die emanzipierten Frauen, die uns Männer unter Druck setzen. Vielmehr betrachte ich nicht organisch bedingte Impotenz oder weibliche Lustlosigkeit meist nicht als das eigentliche Problem, sondern als eine kreative – unbewusste – Lösung für einen Konflikt.

Das Nichtkönnen verdeckt ein Nicht-mehr-Wollen. Also ist

es ein nicht angekündigter Streik. Und Streik ist die Waffe derer, die sich hilfloser fühlen (nicht sind). Deswegen sind Viagra und Co. manchmal auch nur ein Mittel, damit »er« wieder funktioniert. Konkreter: Impotenz ist oft kein Viagra-Mangel, auch wenn es hilft. So wie Kopfweh keinen Aspirinmangel anzeigt, auch wenn eine Tablette oft hilf. – Mit Zwiegesprächen kann man nach einer Weile an den wahren Streikgrund rühren. Doch das braucht länger.

☐ Wenn sich das gemeinsame Leben deutlich ändert. Phasenübergänge sind immer kritische Zeiten. Das erste Kind, Krankheiten, Umzüge, älter werden, Auszug der Kinder, Pensionsgrenze. Wenn man nicht mehr weitermachen will oder kann wie bisher, hilft es, miteinander über das Erlebte zu sprechen.

Wie führt man ein Zwiegespräch?

Die Grundregeln sind einfach, aber wirkungsvoll. Ich empfehle daher, sie strikt einzuhalten. Dass man Zwiegespräche braucht, ist ja ein Zeichen dafür, dass man das, was durch die Regeln bewirkt wird, so spontan im Gespräch nicht tun kann.

☐ *Mindestens einmal in der Woche eine Stunde.*
Wer im Urlaub ist, kann es auch öfter tun. Die Regelmäßigkeit ist wichtig, aber zu oft bringt auch nichts. In den Zeiten zwischen den Gesprächen wirkt das Gesagte und Gehörte nach.

☐ *Einander gegenübersetzen.*
Führen Sie das Gespräch nicht im Freien, nicht beim Spaziergang. All dies lenkt zu sehr ab und stört den intimen Raum.

☐ *A spricht, B hört zu.*
Jeweils zehn Minuten spricht A und B hört zu. Nach zehn Minuten Wechsel. Dann spricht B und A hört zu. In einer Stunde kommt also jeder dreimal dran mit Sprechen und Zuhören.
Sprechen heißt, von sich sprechen, und zwar am besten als

Antwort auf die selbstgestellte Frage: »Was mich zur Zeit stark beschäftigt.«

A spricht darüber, wie er sich, den anderen, die Beziehung und sein Leben erlebt. A muss nicht die ganze Zeit sprechen. Das Schweigen und Spüren, was A im Schweigen erlebt (Unruhe, Unwohlsein, Druck, Ruhe, Orientierungslosigkeit) kann A äußern. B hört zu. B überlegt also nicht, was er darauf erwidern könnte. B denkt nicht darüber nach, was ihn zurzeit stark beschäftigt. B ist beim anderen – und bei sich. B urteilt und wertet nach Möglichkeit nicht. B hat die innere Haltung eines Völkerkundlers, der die Ansichten und Gebräuche eines fremden Volkes kennenlernen will: »Ist ja interessant!«

☐ *Keine Fragen, keine Kommentare.*
Beides ist nicht erlaubt, auch keine nonverbalen Kommentare wie hörbares Ausatmen, Augenverdrehen, Kopfschütteln.

Das ist überhaupt das Heilsame an der Struktur der Zwiegespräche, wie mir immer wieder berichtet wird: Jeder kann sprechen, ohne unterbrochen, kritisiert, angegriffen zu werden. Und jeder darf zuhören, ohne gleich eine Meinung dazu haben zu müssen.

☐ *Jeder spricht, worüber er/sie sprechen möchte.*
Zwiegespräche sind keine Beichte, haben keinen Offenbarungszwang. Jeder ist so offen, wie er sein möchte. Jeder ist frei in der Wahl seines Themas. Wenn A in seiner Sprechsequenz über Thema X spricht, muss B in seiner Sequenz nicht darauf antworten. Er kann es aber tun.

☐ *Nach dem Zwiegespräch kein Nachkommentieren.*
Am besten, man trennt sich für eine Weile, lässt das Erlebte in sich wirken, schreibt etwas auf. Ein Zwiegespräch ist ein Spiegelbild der Beziehung: offen, unfertig, voller Möglichkeiten, ein immerwährender Prozess. Mit einem Ziel, aber ohne ein Ende.

Viele Klienten baten mich, nachdem sie erste Erfahrungen mit Zwiegesprächen gemacht hatten, um Unterstützung bei speziellen Problemen:

☐ *»Was ist zu tun, wenn einer Zwiegespräche will und der andere nicht?«*
Es ist nützlich, die Widerstände zu untersuchen. Dabei helfen Rationalisierungen wenig weiter (»Ich rede nicht gern, ich mache lieber« – »Was soll uns dieses Psychogelaber bringen?«) Vielmehr müssen die dahinterliegenden Ängste gespürt und geäußert werden. Die beste Form dafür wäre – paradoxerweise – ein Zwiegespräch.

Manchmal steht hinter einer Weigerung bereits die indirekt geäußerte Botschaft, nichts mehr investieren zu wollen. Das kann man ansprechen.

☐ *»Wir finden einfach keine Zeit für gemeinsame Zwiegespräche.«*
Das ist eine Ausrede. Oder die besser klingende Aussage, dass einem alles andere wichtiger ist. Erinnern Sie sich: Wer etwas will, findet Wege. Wer etwas nicht will, findet Gründe. Wenn Sie sich das Bein brechen würden, hätten Sie auch die Zeit, ins Krankenhaus zu gehen.

☐ *»Wir schaffen es nicht, die Zeiten einzuhalten.«*
Das zeigt, wie schwer es Ihnen fällt, Grenzen zu respektieren und einzuhalten. Nehmen Sie einen Kurzzeitwecker dazu.

☐ *»Ich kann nicht nur zuhören und unterbreche dann meinen Partner.«*
Hieraus können Sie ersehen, wie schwer es Ihnen fällt, andere Meinungen und Standpunkte stehen zu lassen, und dass sie wenig inneren Raum für Verschiedenheit haben. Im Zwiegespräch können Sie lernen, dass Ihre Weltsicht nur eine von Milliarden anderer ist und Sie nicht Recht haben (müssen).

Wenn es nicht anders geht: Halten Sie sich den Mund zu – um sich ganz aufs Zuhören zu konzentrieren.

☐ »*Ich kann nicht offen sprechen, wenn mein Partner mich anschaut.*«
Zwiegespräche können trotz der distanzierenden Struktur eine neue Nähe zwischen dem Paar ermöglichen. Manchmal, wenn man den anderen vor allem als Projektionsfläche für eigene abgewehrte Gefühle braucht, kann der Anblick des anderen – und dessen Reaktionen – hinderlich für einen sein. Probieren sie aus, sich Rücken an Rücken zu setzen.

Die Kommunikationsmethode der Zwiegespräche haben Michael Lukas Moeller und seine Frau Célia Maria Fatia[8] entwickelt. Ich wünsche Ihnen, dass Sie diese Gesprächsform bald einmal mit Ihrem Partner ausprobieren und beginnen zu reden, über irgendetwas, das Sie bewegt – vielleicht über die Erfahrungen mit diesem Buch, über die Ablösung von Ihrer Mutter, Ihrem Vater.

Und jetzt?

Dieses Buch habe ich geschrieben, weil es mich reizte, über dieses Thema ein Buch zu schreiben. Und ich habe es geschrieben, damit Sie etwas in Ihrem Leben verändern können, wenn Sie das möchten. Statt eines eindringlichen Appells, das jetzt auch wirklich anzugehen, erzähle ich Ihnen lieber die Geschichte, die ich immer am Ende meiner Persönlichkeitsseminare erzähle:

Mullah Nasrudin – eine Art Till Eulenspiegel des Ostens – war mal unzufrieden mit seinem Körper. Er fand, dass er zu schmächtig aussah und gern einen muskulöseren Körper hätte. Deshalb bestellte er sich einen Fernkurs in Bodybuilding. Einen Jahreskurs. Jeden Monat kam eine dicke Lektion und Mullah Nasrudin studierte sie aufmerksam.

Nach einem Jahr war der Kurs zu Ende und Mullah Nasrudin schrieb einen Brief an das Lehrinstitut: »Sehr geehrtes Institut. Vielen Dank für Ihren ausgezeichneten Fernkurs zum Bodybuilding. Ich habe jeden Monat Ihre Lektionen aufmerksam studiert. Bitte, schicken Sie jetzt die Muskeln!«

Anmerkungen

1 Stierlin, Helm: Eltern und Kinder. Das Drama von Trennung und Versöhnung im Jugendalter. Frankfurt/M. 1977
2 Dammasch, Frank: Jungen in der Krise: Das schwache Geschlecht? Psychoanalytische Überlegungen, Frankfurt/M. 2007
3 Angst, Peter: Ehen zerbrechen leise. München 2003. / Napier, Augustus Y.: Ich dachte, meine Ehe sei gut, bis meine Frau mir sagte, wie sie sich fühlt. Stuttgart 1991
4 Hüther, Gerald: Bedienungsanleitung für ein menschliches Gehirn. Göttingen 2006
5 Palazzoli, Mara Selvini et al: Paradoxon und Gegenparadoxon. 11. Aufl. Stuttgart 2003
6 Sieverding, Monika: Achtung: Die männliche Rolle gefährdet Ihre Gesundheit. psychomed 16
7 Gordon, Thomas: Managerkonferenz: Effektives Führungstraining. München 2006
8 Moeller, Michael Lukas: Die Wahrheit beginnt zu Zweit: Das Paar im Gespräch. Reinbek 1992

Kommentiertes Literaturverzeichnis

Amendt, Gerhard: Wie Mütter ihre Söhne sehen. Bremen 1993
Ein Klassiker aus dem Jahre 1994, in dem durch ausführliche Interviews mit 900 Müttern das ambivalente Verhältnis zwischen Müttern und Söhnen klug beleuchtet wird.

Bartel, Detlev: Das zeitlose Selbst. Was jeder über sich wissen sollte. Norderstedt 2007
Dem Autor gelingt es, die Begriffe Selbst, Ich und Ego präzise zu definieren und die Unterschiede für die persönliche Weiterentwicklung praxisnah zu vermitteln. Er hat auch eine CD produziert, die hörenswert ist, weil man da den Unterschied zwischen »Selbst« und »Ego« deutlich erleben kann.

Bassoff, Evelyn S.: Mutter und Sohn – eine besondere Beziehung. Düsseldorf 1997
Bericht einer Psychologin und Mutter, wie man die gröbsten Fehler bei der Sohneserziehung vermeidet und es ermöglicht, dass der Junge sich ablösen kann.

Biddulph, Steve: Jungen! Wie sie glücklich heranwachsen. Warum sie anders sind – und wie sie zu ausgeglichenen, liebevollen und fähigen Männern werden. München 1998
Der bekannte australische Familientherapeut gibt kluge Empfehlungen zur Rolle des Testosterons, für geschiedene Väter und alleinerziehende Mütter.

Biddulph, Steve: Männer auf der Suche – Sieben Schritte zur Befreiung. München 1996
Ein Klassiker der neueren Männerliteratur mit allen Themen, mit denen wir uns so herumschlagen.

Dammasch, Frank (Hrsg.): Jungen in der Krise. Das schwache Geschlecht? Frankfurt/M. 2007
Ein lesenswerter Sammelband, das Antworten wagt auf die Frage, warum Jungen deutlich häufiger als Mädchen soziale Auffälligkeiten und psychische Störungen aufweisen.

Dietz, Ingeborg u. Thomas: »Selbst in Führung – Achtsam die Innenwelt meistern.« Paderborn, 2007
Ein tolles Buch zweier Hakomi-Kollegen mit vielen Tipps und Methoden zum Selbst-Coaching.

Hüther, Gerald: Bedienungsanleitung für ein menschliches Gehirn. Göttingen 2007
Das Buch ist ein guter Einstieg in das spannende Gebiet der Neurobiologie und macht deutlich, wie sehr wir alle von inneren Landkarten beeinflusst werden. Auch seine anderen Bücher und DVDs sind lehrreich und spannend.

Jellouschek, Hans
Von ihm kann ich alle Bücher über Paarbeziehungen empfehlen. Er verbindet Klarheit, Verständnis und Wärme in seinen Büchern.

Kurtz, Ron: Körperzentrierte Psychotherapie: Die Hakomi-Methode. München 1994
Hakomi ist eine erfahrungsorientierte, körperbezogene Therapiemethode. Ron ist der Vater der Methode. Etliche Ansätze dieses Buches stammen daher. Ich war einer der Gründer des Hakomi Institute of Europe.

Miller, Alice: »Das Drama des begabten Kindes« Frankfurt 1979
Mit die erste Autorin, die beschrieb, wie Kinder zu Elternfiguren gemacht werden und welchen schädlichen Einfluss es hat, wenn die Eltern nicht die Elternrolle übernehmen.

Moeller, Michael Lukas: Die Wahrheit beginnt zu zweit. Das Paar im Gespräch. Reinbek 2006
Vom Erfinder der »Zwiegespräche« ein Plädoyer für intensivere Gespräche zwischen Mann und Frau.

Moser, Tilman: Gottesvergiftung. Frankfurt/M. 19976
Pflichtlektüre für alle, die eine streng katholische Erziehung erlebt haben und heute noch darunter leiden.

Petri, Horst: Das Drama der Vaterentbehrung. Chaos der Gerühle – Kräfte der Heilung. Freiburg 2006
Welche Konsequenzen es hat, dass immer mehr Jungen ohne Vater aufwachsen, zeigt der Psychoanalytiker auf – und welche Möglichkeiten es gibt, diese Entbehrung abzumildern.

Saalfrank, Katharina: Die Super-Nanny. Glückliche Kinder brauchen starke Eltern. München 2007
Die dazugehörige TV-Sendung wurde im Feuilleton heftig kritisiert. Ich

finde sie ausgezeichnet, weil sie Eltern erlaubt, die Autorität in der Familie zu übernehmen. Weil sie klar macht, dass Paare und Familien Regeln brauchen. Weil sie es schafft, Paare wieder ins Gespräch miteinander zu bringen.

Sprenger, Reinhard K.: Die Entscheidung liegt bei dir! Wege aus der alltäglichen Unzufriedenheit. Frankfurt/M. 2004

Sprenger ist ein bekannter Management-Autor, aber dieses Buch geht jeden an, der aufhören will, über sein Schicksal zu jammern.

Starkmuth, Jörg: Die Entstehung der Realität: Wie das Bewusstsein die Welt erschafft. Bonn 2005

Dieses Buch eines Ingenieurs stellt ein Weltbild vor, das die Grundlagen der modernen Physik – Relativitätstheorie und Quantenmechanik – mit Erkenntnissen der Realitäts- und Glücksforschung und mit spirituellen Erfahrungen zu einem schlüssigen Gesamtkonzept verbindet.

Stierlin, Helm: Das Drama von Trennung und Versöhnung. Frankfurt/M. 1980

In seiner Vorlesung an der Uni Heidelberg hörte ich zum ersten Mal von der Schwierigkeit, die man als Jugendlicher haben kann, erwachsen zu werden. Seine Ausführungen dazu sind immer noch aktuell.

Stone, Sidra: Es ist Zeit, dass Du gehst. Frauen befreien sich vom inneren Patriarchen. München 1997

Partnerinnen von nichterwachsenen Männern haben oft einen »inneren Patriarchen« in sich, der ihnen Schuldgefühle macht, wenn sie mit dem Verhalten ihres Partners unzufrieden sind. Die Gründe dafür und Wege zur Befreiung zeigt dieses Buch.

Süfke, Björn: Männerseelen – ein psychologischer Reiseführer. Düsseldorf 2008

Ein Buch das in vielen Fallgeschichten und mit Humor jedem Mann zeigt, dass er mit seinem Problem nicht allein ist.

Toman, Walter: Familienkonstellationen – Ihr Einfluss auf den Menschen. München 1965

Die Geschwisterkonstellation hat einen starken Einfluss darauf, welche Konflikte uns im Leben beggenen und welche Strategien wir gefunden haben. An statistischen Zusammenhängen aufgezeigt, wird deutlich, dass viele als individuell erlebte Überzeugungen, Vorlieben und Schwierigkeiten Folge unserer Position in der Herkunftsfamilie sind.

Villon, Rolf A.: Wege aus der Mutterfalle – Eine Selbstbefreiung zu männlicher Liebe. Bad Homburg 2003

Sehr persönliches Buch eines Professors, der in Briefen an seine Frau zu ergründen sucht, wie seine zu starke Mutterbindung die Partnerschaft belastete.

Links auf interessante Websites:

Mehr zu diesem Thema finden Sie auf meinem Blog zu diesem Buch. Meinungen von Lesern und Leserinnen, ein Forum, Fragen an mich u. a.
www.frauen-wollen-erwachsene-maenner.de

Mehr zum Thema »Persönlichkeitswicklung« finden Sie auf meinem Blog:
www.persoenlichkeits-blog.de

Informationen, und Termine zu meinen Persönlichkeitsseminaren finden Sie hier: www.seminare4you.de

Informationen für Paare, Beziehungen und die Möglichkeiten von Paartherapie unter: www.paartherapie4you.de

Gute Selbsterfahrungsworkshops, Ausbildungen und empfehlenswerte Therapeuten finden Sie auf der Website des Instituts, dessen Mitbegründer und -leiter ich 20 Jahre lang war: www.hakomi.de

Detlev Bartel hat zu seinem lesenswerten Buch »Das zeitlose Selbst« eine CD produziert, deren Inhalt man sich hier auch kostenlos herunterladen kann:
http://www.das-zeitlose-selbst.de/Audio-CD.htm